www.tredition.de

D1700495

Stefan Ahmann

Das Mysterium der Einheit in der Vielheit

Die Eine Wahrheit aus Advaita Vedanta, christlicher Offenbarung, Mystik und Nahtoderlebnissen

www.tredition.de

© 2020 Stefan Ahmann

Verlag und Druck: tredition GmbH, Halenreie 40-44, 22359 Hamburg

ISBN
Paperback: 978-3-347-01382-7
Hardcover: 978-3-347-01383-4
e-Book: 978-3-347-01384-1

In meines Vaters Hause sind viele Wohnungen.

Johannes, 14:2

Die alle Wesen in sich sehen und sich in allen Wesen, kennen kein Leid.

Wie kann die Vielheit des Lebens den täuschen, der seine Einheit sieht?

Isha Upanishad, Vers 7

...und ich bin geschwebt in einem unendlichen Meer aus Licht, aus Liebe, Glückseligkeit, endlose Freiheit, und auch Bewusstheit, es war wie ein alles überspannendes Bewusstsein. (...) und ich war einerseits dieses gesamte, alles umfassende, grenzenlose Meer und ich war aber auch irgendwo noch so ein kleiner Funke, ich hatte irgendwo noch ein bisschen Ich-Bewusstsein. Es war wie beides gleichzeitig.

Aus der Nahtoderfahrung von Andrea Pfeifer

Die Wahrheit schuf Namen in der Welt für uns, denn es ist unmöglich, die Wahrheit ohne Namen zu erkennen. Die Wahrheit ist Eines und Vieles. Sie ist so unseretwegen, um uns dieses Eine in Liebe zu lehren, durch seine Vielheit.

Gnostisches Philip-Evangelium, Vers 12

Denn solange mehr und mehr in dir ist, kann Gott in dir niemals wohnen oder wirken. Diese Dinge müssen immer hinaus, wenn Gott hinein soll, es sei denn, du hättest sie in einer höheren und besseren Weise, dass aus Menge eins geworden wäre. Je mehr dann Mannigfaltigkeit in dir ist, um so mehr Einheit, denn das eine ist in das andere verwandelt. Ich sprach einst: Einheit eint alle Mannigfaltigkeit, aber Mannigfaltigkeit eint nicht Einheit. So wir überhoben werden über alle Dinge, und alles, was in uns ist, aufgehoben wird, so bedrückt uns nichts.

Meister Eckhart

The sun shines not on us, but in us.
The river flows not past, but through us.

John Muir

A human being is a part of the whole called by us universe, a part limited in time and space. He experiences himself, his thoughts and feelings as something separated from the rest, a kind of optical delusion of his consciousness. This delusion is a kind of prison for us, restricting us to our personal desires and to affection for a few persons nearest to us. Our task must be to free ourselves from this prison by widening our circle of compassion to embrace all living creatures and the whole of nature in its beauty.

Albert Einstein

EINLEITUNG

Das Mysterium der Einheit in der Vielheit ist *das* zentrale Problem aller grundlegenden spirituellen und philosophischen Fragen. Es ist untrennbar verknüpft mit Fragen nach Gott, nach Ewigkeit und nach Individualität. Auch alle Fragen nach dem Wesen des Bewusstseins, nach materieller und geistiger Welt, nach Getrenntheit und Verbundenheit, nach Gut und Böse lassen sich nur wirklich beantworten, wenn man sich mit diesem Mysterium, mit dem Verhältnis der Vielheit zur Einheit, auseinandersetzt. Das alte philosophische Problem des Gegensatzes von Erscheinung und „Ding-an-sich", von der Manifestation und dem ihr zugrunde liegenden Wesen, hängt gleichfalls mit ihm zusammen.

Dennoch bleibt die „Einheit-in-der-Vielheit" für unseren rationalen Verstand und unser menschliches Bewusstsein ein Mysterium. Wir werden es nie vollständig erklären können, woraus sich die Frage ergibt, ob es nicht klüger wäre, zu dem Thema zu schweigen. Aber selbst wenn man es nicht vollständig erklären kann, so kann man doch aufgrund von Indizien logische Schlüsse ziehen und falsche Vorstellungen widerlegen und ausschließen, sodass man sich der Wahrheit soweit annähert, wie es für den rationalen Verstand möglich ist. Ja mehr noch: Auf diesem Wege kann man den Verstand beruhigen, befrieden und ihm seine Grenzen aufzeigen, sodass dadurch Raum entsteht für tiefere Untersuchungen und für jene entscheidende Erkenntnis, jene Bewusstseinserweiterung, die nichts mit philosophischen Überlegungen mehr zu tun hat und deren Lehren und Erkenntnisse sich auch kaum mehr in Worten mitteilen lassen. Aber selbst wenn jene höhere, nicht in Worte zu fassende (Selbst-)Erkenntnis von einem gewissen Standpunkt das allein Entscheidende und der Zielpunkt aller spirituellen Wege ist, so macht sie dennoch die in Worte zu fassende philosophische Erkenntnis nicht überflüssig. Die philosophische Erkenntnis bleibt auf immer eine wesentliche Ergänzung subjektiver Transformationen oder Erkenntnisse („Erleuchtung"), die sich als (geistige, psychologische...) Phänomene einordnen und interpretieren lassen müssen. Es lohnt sich *immer,* auf philosophischem Wege soweit zu gehen, wie man kann, denn die Philosophie ist ein wichtiger Wegweiser, eine Art rationales (und daher eins-zu-eins mitteilbares) Gegenstück zur subjektiven mystischen Erkenntnis. Neue philosophische Erkenntnisse sind dann zu erwarten, wenn es gelingt, verschiedene, bisher als inkompatibel geltende Erkenntnisquellen oder „Realitätsmodelle" zusammenzubringen und ihre Schnittmengen zu finden. Im Falle von *Das Mysterium der Einheit in der Vielheit* sind dies vor allem die nichtdualistische Philosophie der Upanishaden, christliche Offenbarungen, Mystik und schließlich Nahtoderfahrungen, die eine neue und eigene Klasse von Offenbarungen bilden.

Das Mysterium der Einheit in der Vielheit ist gewissermaßen das Einlösen einer Ankündigung oder einer Idee aus *Eine Neue Aufklärung,* nämlich, dass die unterschiedlichen „westlichen" und „östlichen" religiösen Ansätze sich ergänzen und gemeinsam mehr Energie entfalten. Sie sind zwei Seiten der Einen Wahrheit. Der Impuls hinter *Eine Neue Aufklärung* war der Gegensatz von materialistischem und spirituellem Weltbild. Der Impuls hinter *Das Mysterium der Einheit in der Vielheit* ist der Gegensatz zwischen „Ost" und „West", zwischen Immanenz und Transzendenz, zwischen Selbsterforschung und Offenbarung, zwischen den Lehren des Advaita Vedanta und den Lehren, die wir z.B. aus Nahtoderfahrungen ziehen können, oder auch, philosophisch betrachtet, die Beantwortung der Frage, wie in einem nichtdualistischen Weltbild das Verhältnis von Einheit (des Bewusstseins) und Vielheit (der Wesen) aussieht. Die Beantwortung dieser Frage käme dem Lösen des von Schopenhauer so genannten „Weltknotens" gleich, sie wäre das Tiefste, was an philosophischer Erkenntnis möglich wäre.

Ein gestalterisches Grundprinzip von *Eine Neue Aufklärung* wird auch in diesem Buch angewendet, nämlich dieses, dass die Thematik nicht nur aus *einer* Perspektive, sondern aus vielen, sich ergänzenden Perspektiven dargestellt wird. So wird Advaita Vedanta auf der Grundlage der Upanishaden, die hier zusammengefasst werden, aber auch auf der Grundlage der Darstellungen der modernen Advaita Vedanta-Bewegung erklärt. Auch die praktische Umsetzung (wenn man so sagen kann), also das zur Befreiung führende System des Vedanta wird zum einen in seinen philosophischen Grundlagen dargestellt, zum anderen auch durch eine Sammlung von „Pointern", die von unterschiedlichen Lehrern, von Ramana Maharshi, Rupert Spira, Mooji, Eckhart Tolle, Francis Lucille usw., inspiriert sind, vermittelt. Es wird im Zusammenhang anderer Lehren, speziell der christlichen, aber auch anderer hinduistischer Lehren betrachtet. Es wird in einen größeren philosophischen Kontext gestellt, wobei die Quellen für diesen Kontext unterschiedlicher Natur sind, insofern sowohl philosophische Ansätze, die mit Kant, Schopenhauer und *Eine Neue Aufklärung* zu tun haben, als auch Nahtoderfahrungen berücksichtigt werden. Während also Advaita Vedanta im Kontext eines größeren Weltbildes betrachtet wird, wird es ebenso auch in Beziehung gesetzt zu einem, meiner Auffassung nach, komplementären Weg, nämlich dem Bhakti-Weg, dem Weg des Herzens und der Liebe.

Eine wichtige These dieses Buches ist, dass es zwei unterschiedliche religiöse Ansätze gibt: *der Glaube, der sich auf Offenbarung stützt, und die Selbsterforschung, die sich auf Erfahrung stützt.* Den zuerst genannten finden wir besonders in den großen semitischen Offenbarungsreligionen, aber auch im Hinduismus. Den anderen Weg finden wir besonders im Buddhismus und anderen auf Selbsterforschung zielenden Lehren, wie etwa Advaita Vedanta, die Upanishaden, „the Direct Path" (im Folgenden: „Der direkte Pfad") usw. Jeder dieser zwei Wege ist ohne den anderen unvollständig, denn während Selbsterforschung unverzichtbar ist und die Methoden, die im Buddhismus und im Vedanta hierfür entwickelt worden sind, ein großer, hilfreicher Schatz sind, so ist doch das Weltbild dieser Lehren reduktionistisch, verkürzt und damit teilweise auch falsch und bedarf der Ergänzung durch Offenbarungen. Zu diesen zählen heute auch und besonders *Nahtoderfahrungen,* die uns auch zeigen, dass das, was für den einen (nämlich für den Nahtoderfahrenen) eine mystische *(Selbst-)Erkenntnis* ist, für den anderen (nämlich für den, der nur davon hört oder liest) eine *Offenbarung* bedeutet, etwas, das ihm durch jemand anderen offenbart wird und an das er nun glauben kann, oder nicht.

Was bedeutet Offenbarung? Auf Englisch heißt es sehr passend „revelation": Es handelt sich also um eine „Enthüllung" höherer, transzendenter Wahrheiten, die sonst, immanent, mit unserem Verstand oder mit empirischen Methoden, nicht zugänglich sind. Selbsterforschung ist immanent, kann aber zu transzendenten Offenbarungen führen. Grundsätzlich geben uns Offenbarungen Informationen über transzendente Welten, was auch heißt, dass der Begriff der „Offenbarung" nur Sinn macht, wenn man von der Existenz solcher transzendenter Welten ausgeht. Religiöse Offenbarungen können durch Eingebungen einzelner Menschen zu uns kommen (diese Menschen nannte man früher allgemein „Propheten"). Sie können auch durch hellsichtige Menschen, durch „Auserwählte", durch göttliche Inkarnationen, durch „Heilige", oder durch Nahtoderfahrungen zu uns kommen. Dieser zuletzt genannte „Kanal" dürfte heute einer der wichtigsten sein.

Die radikal nicht-dualistische Lehre des Advaita Vedanta ist in dieser materiellen Welt der scheinbaren totalen Trennung, in der wir leben, das stärkste „Gegengift" und daher der für viele Menschen effektivste spirituelle Weg. Von einem höheren transzendenten Standpunkt aus betrachtet aber stellt die nicht-dualistische Lehre des Advaita Vedanta eine zu starke Vereinfachung der wirklichen Verhältnisse dar. Ich glaube sogar, dass der radikale Nicht-Dualismus des Advaita Vedanta auf viele Menschen deswegen abschreckend wirkt, weil er nicht in einem größeren Kontext, in einer spirituellen Kosmologie eingebettet ist. Diese Einbettung soll mit diesem Buch geschaffen werden. Denn das durchaus richtige Empfinden vieler Menschen, dass diese Lehre einseitig ist, kann auf diesem Wege rational nachvollzogen werden. Diese rationale Erklärung der berechtigten unbewussten Widerstände gegen den radikalen Nicht-Dualismus kann dazu führen, dass man die Lehren des Advaita Vedanta effektiver anwenden kann.

In den westlichen, semitischen Religionen ist der Weg der Hingabe und Liebe, des Bhakti, viel entscheidender. Im Osten ist der Weg des Wissens und der Erfahrung dominanter. Wie schon in *Eine Neue Aufklärung* gesagt, müssen diese beiden Teile zu einem neuen Ganzen zusammenwachsen. Paramahansa Yogananda war ein wirklicher Wegbereiter einer solchen neuen, integrierten west-östlichen Spiritualität. Yogananda, der ein echter Bhakta war, berichtet in seinem bekanntesten Buch, *Autobiography of a Yogi,* von vielen Offenbarungen, die er in seinem Leben erleben durfte.

Die Rückkehr zur Einheit ist ein gemeinsames Ziel aller Spiritualität; nur die Wege, die die Traditionen gehen, unterscheiden sich. Ein wichtiger vermeintlicher Gegensatz zwischen Christentum und Hinduismus sollte schon hier besprochen werden. Es hat den Anschein, als habe das Christentum insofern einen gänzlich anderen Ansatz als der Hinduismus, als es im Christentum viel mehr um den *Willen* und um *moralisches Handeln* geht: um den Willen zum Guten oder zum Bösen oder, anders gesagt, den bösen oder guten Willen. Im Hinduismus andererseits scheint es vor allem um Bewusstsein und Erkenntnis zu gehen. Dieser vermeintliche Gegensatz löst sich aber auf, wenn man sich folgende Zusammenhänge vergegenwärtigt: *Der Wille des Menschen geht immer in die gleiche Richtung.* Der tiefste Wunsch *jedes* Menschen ist Freude und Glück. Dies liegt daran, dass Freude und Glück seine wahre, tiefste, göttliche Natur sind. Daneben gehören auch Bewusstsein, Wissen und Weisheit zu seiner göttlichen Natur, weshalb auch diese zu seiner „Grundmotivation" gehören. Wenn also jeder Mensch im Grunde dasselbe will (nämlich Freude und Glück), warum gibt es dann einerseits den *bösen Willen* und andererseits den *guten Willen*? Der Wille ist hier ganz allein eine *Folge* der Erkenntnis oder des Bewusstseins. Wenn ein Mensch nicht erkennt, dass er eins ist mit Gott und allem Leben, wenn er sich als getrennt erlebt, dann glaubt er, dass Glück und Freude dadurch erreicht werden können, dass er alles Gute und alle Freude nur für sich selbst, für dieses getrennte Wesen, für seinen physischen Körper beansprucht. Er meint dann, dass das Glück und die Freude des vermeintlich „Anderen" (also anderer

Personen oder physischer Körper) hierfür geopfert werden können oder sogar müssen.

Das Entscheidende im Hinblick auf den guten oder bösen Willen ist also ganz allein die *Selbsterkenntnis* und Selbstwahrnehmung des Menschen. Wenn sich der Mensch als verbunden erlebt, als Teil von allem, dann wird er folgerichtig und „automatisch" das tun, was man als „moralisch gut" bezeichnet. Ein Mensch hingegen, der sich als getrennt erlebt, kann solche guten Handlungen zwar imitieren, aber das sind dann bloße Äußerlichkeiten. *Die „guten Werke", die im Christentum so sehr Vordergrund stehen, sind bloß die Folge der rechten Selbsterkenntnis, die im Hinduismus im Vordergrund steht.* So könnte man zwar von zwei unterschiedlichen Ansätzen sprechen, aber der Kern ist der gleiche, vor allem dann, wenn man berücksichtigt, dass Jesus Christus die Selbsterkenntnis gelehrt hat, indem er gesagt hat: „Ich und der Vater sind eins" und „Das Reich Gottes ist in euch". Die mystischen Aussprüche Christi stehen dem Advaita Vedanta sehr nahe. Aber gerade dieser Teil seiner Lehre wurde am häufigsten gar nicht oder falsch verstanden, einfach weil er im Kontext der aus Vorschriften bestehenden Morallehren des Alten Testaments manchen vielleicht als weniger wichtig erschien und weil er mehr auf das *Innere* zielt als auf das Äußere, das den allermeisten Menschen leider näher liegt und das sie leichter verstehen können.

Im Interesse der Annäherung der spirituellen Bewegungen und Religionen ist es natürlich zu begrüßen, wenn Eckhart Tolle und andere Lehrer, die eher einer indischen oder buddhistischen Tradition zuzuordnen sind, Offenbarungsschriften, wie das Neue Testament oder die Bibel, im Sinne ihrer Lehre interpretieren, wobei sie oft erstaunliche Parallelen finden. Gerade in Kernaussagen, wie dem „Ich bin der ich bin" oder „Ich und der Vater sind eins" findet sich eine unleugbare Übereinstimmung indischer und semitischer Lehren. Dennoch ist es so, dass diese Einordnung von Offenbarungsschriften in die eigene Lehre vieles ignoriert oder auch den Sinn entstellt und verkürzt, denn während Offenbarungsschriften natürlich oft das bestätigen, was die

Selbsterforschung dieser Lehrer zutage gefördert hat, so geht Offenbarung doch per Definition eben über Selbsterforschung hinaus und ist eine Kommunikation höherer Ebenen mit unserer irdischen Ebene. Das Zusammenwachsen von Offenbarungsreligionen und spirituellen Bewegungen, die stärker auf Meditation und philosophische Erkenntnisse setzen, würde darin bestehen, dass Anhänger von Offenbarungsreligionen (Christen, Muslime etc.) auch grundlegende Meditationstechniken (Atem-, Zen- etc.) nutzen und auch die Methoden und tiefen philosophischen Erkenntnisse der indischen Spiritualität, etwa des Advaita Vedanta, kennenlernen, dass aber auch andererseits Menschen, die z.B. in buddhistischen und Vedanta-Traditionen ihren geistigen Weg gehen, die Legitimität und die tiefe Bedeutung von Offenbarungen, Eingebungen und Glauben verstehen und anerkennen. Denn ein ganzes und vollständiges Bild erhält man nur, wenn man alle im Untertitel dieses Buches genannten spirituellen Wege und Erkenntnisquellen berücksichtigt und miteinander verbindet.

Dass Gott die Welt geschaffen hat, ist ja so etwas wie ein religiöser Konsens. Die Frage nach Schöpfer und Schöpfung ist eine in fast allen Religionen sehr zentrale. Bei den Details der Frage und der Antwort auf sie wird es interessant: Wer oder was ist Gott? Was ist die Welt? Hat er sie in der Vergangenheit erschaffen oder ist das „Schaffen" etwas, was im Hier und Jetzt stattfindet? Gibt es eine Kausalbeziehung zwischen Gott (als Ursache) und der Welt (als Wirkung) oder ist das Konzept der Kausalität nur immanent gültig? Ist Gott in uns, außer uns, oder beides? Sind wir in Gott oder ist Gott in uns – oder beides? Ist die Welt wirklich oder ist sie nur ein Bild, eine Projektion - oder gar ein Trugbild? Oder ist sie das Abbild eines Urbildes? Bei den Antworten auf diese „Detailfragen" divergieren die Religionen oft sehr stark.

Selbsterkenntnis bedeutet im Vedanta, das wahre Selbst in sich als reines Bewusstsein zu erkennen, woraufhin sich die Identität des Selbst mit dem kosmischen Geist, Brahman, erschließt. Wer also das Selbst in sich kennt, kennt den Urgrund allen Seins. Es „kennen" heißt aber es *sein*. Dieses Sein-wahres-Wesen-Sein ist aber nichts anderes, als ein Nicht-mehr-von-der-Welt-geblendet-Sein (wobei die Welt „Maya" ist). Einheit ist demnach Realität, Vielheit ist Illusion. Sagen Nahtoderfahrungen dasselbe? Ja und nein. Sie sagen: „Einheit ist Realität, *Getrenntheit* ist Illusion." Das ist der entscheidende Unterschied und die entscheidende Richtigstellung. In der geistigen Welt besteht die Vielheit, die wir auf der Erde kennen, fort und doch gibt es kein Gefühl der Getrenntheit mehr, sondern ein Gefühl der Liebe und Verbundenheit. Das bedeutet ein Sowohl-als-Auch: Die Wesen sind selbstbewusste Einzelwesen und doch ganz miteinander und mit der Quelle verbunden. Sie sind miteinander verbunden, *weil* sie mit der „Quelle", mit ihrem tiefsten Wesen verbunden sind. Das ist die große Lehre aus Nahtoderfahrungen und es gibt gute Gründe, zu sagen, dass damit die Lehre, dass Vielheit nur Täuschung ist und nur auf Unwissenheit beruht, widerlegt ist. Vielheit ist Realität, aber ein Geheimnis; ebenso ist Einheit Realität, aber ein Geheimnis: Der kürzeste Ausdruck für dieses Geheimnis ist „Einheit-in-der-Vielheit".

Das „östliche" Weltbild des Advaita Vedanta geht von der *Erfahrung* aus und Rupert Spira hat Recht, wenn er fragt, wovon man denn auch sonst ausgehen sollte. „Erfahrung" ist aber nicht im Sinne von „Erfahrungswissenschaft" zu verstehen, sondern im Sinne von unmittelbarer, „innerer" Erfahrung, von jener Erfahrung, die einfach schaut, „Was ist da?" und die die Tatsache des *Bewusstseins* nicht überspringt, sondern bei ihr anfängt. Wenn man mit Hilfe dieser Methode die „äußere", vermeintlich objektive, aber in Wahrheit vom Bewusstsein geschaffene Realität gewissermaßen durchschaut und enttarnt, dann bleibt jenseits der Welt der Vielheit die absolute Einheit des Selbst, das Atman und Brahman zugleich ist. Der Mensch sagt dann: „Ich bin Brahman und es gibt nichts, was nicht Brahman ist. Es gibt keine von mir verschiedenen Objekte. Es gibt auch keine Individuen. Es gibt Brahman und alles was sich in der Welt der Vielheit darstellt, ist im Innersten nur das „Gesicht Gottes". Alle Wesen sind Brahman und jeder Unterschied zwischen ihnen ist ausschließlich Maya oder Täuschung." Es muss nicht besonders hervorgehoben werden, dass dieses Weltbild die *Einheit* in der Vielheit betont. Allerdings merkt man auch, dass der Begriff „Weltbild" hier nicht mehr passen will; es ist nichts anderes als ein intuitives Verstehen der Welt, ja mehr noch: Es ist Wissen als Sein, also im Hinblick auf das herkömmliche Wissen betrachtet eigentlich Nicht-Wissen oder das „Zurückweisen" von (letztlich immer unzureichenden) Welt*bildern*. Deswegen kann es auch mit Worten nicht weitergegeben werden und deswegen sind alle Fragen, die darauf zielen, letztlich nur Fragen, die davon ablenken, wie klug auch die Antworten sein mögen. Ramana Maharshi sagte zu Recht, die höchste Lehre würde in der Stille gegeben.

Das andere, „westliche" Weltbild betont verhältnismäßig stärker die Vielheit und die Individuation. Dies ist das esoterisch-christliche Weltbild, wie es sich auch aus den Offenbarungen unserer Zeit, den Nahtoderfahrungen, ergibt. In diesem Weltbild gehen wir als Geschöpfe Gottes, als Individuen in Gruppen, die das irdische Dasein transzendieren, einen spirituellen Entwicklungsweg, der zu größerem spirituellen Wissen und zur Entwicklung selbstloser Liebe führt. Auch in diesem Weltbild sind wir insofern eins, als wir alle Kinder Gottes sind, aber es gibt einen übergeordneten, alles verbindenden Geist (Gott) und Schöpfungen dieses Geistes, die eben nicht nur Maya oder Täuschung sind, sondern, wie die biblische Familienmetaphorik es ausdrückt, wirklich seine „Kinder", von ihm ausgehende Manifestationen, die sowohl selbstständig, als auch von ihm, dem größeren Geist, abhängig sind. Ein wichtiger Unterschied ist, dass man hier einen langsamen geistigen Entwicklungsweg geht, auf dem man zwar die Einheit mit Gott und allen Wesen intuitiv begreift und allmählich lernt, aber dennoch ein kleiner Teil eines großen geistigen Kosmos mit vielen geistigen Wesen ist. Die einzige Entwicklung und das einzige Lernen, das andererseits im Weltbild des Vedanta stattfindet, ist, dass Brahman, der menschgewordene und damit der Täuschung der Maya erlegene einzige Geist oder Gott, diese von ihm selbst geschaffene Illusion durchschaut und sein eigenes Wesen erkennt, indem er begreift: „Ich bin. Ich bin bewusst. Ich bin alles und außer mir ist nichts."

Natürlich ist keines dieser Weltbilder wirklich falsch. Sie sind gewissermaßen zwei Seiten einer Medaille und doch ist dieser Satz allein zu wenig, wenn wir sie philosophisch miteinander in Einklang bringen wollen, was ein großes Ziel dieses Buches ist. Zunächst muss deutlich gezeigt werden, dass sie sich im Innersten nicht widersprechen. Das beide Weltbilder umfassende Weltbild ist das der „Einheit-in-der-Vielheit". Diese Einheit in der Vielheit ist für den Verstand zwar ein Mysterium, aber sie ist die tiefste Realität.

Beide Weltbilder sagen, dass die Einheit die ursprüngliche Realität ist und die Vielheit hinzugekommen. Der entscheidende Unterschied ist aber, dass das „östliche" Weltbild sagt: Maya ist nur Täuschung, eine unerklärliche Selbsttäuschung Gottes, und etwas, das es aufzulösen gilt, ein bloßer Irrtum, den man nur als solchen erkennen muss. Das „westliche" Weltbild sagt, dass auch die Welt der Vielheit, die von Gott, dem einen großen schöpferischen Bewusstsein, geschaffene Welt, die aus vielen verbundenen und doch getrennten „Bewusstseinen" besteht, eine wirkliche und erhaltenswerte Welt ist. Ganz kurz gesagt: Advaita Vedanta sagt: Vielheit ist Täuschung. Nahtoderfahrungen und Christentum sagen: Vielheit ist Realität.

Die eigentliche „Offenbarung" des Vedanta ist, dass die Einheit mit dem Absoluten, die der Befreite oder Erleuchtete realisiert hat, keine vorübergehende Erfahrung ist, sondern der, wenn einmal erreichte, dauerhafte und „allein wirkliche" Zustand. Die Erfahrung von kosmischem Bewusstsein oder völliger Einheit, die in Nahtoderfahrungen vorkommt, geht hingegen vorüber, sodass man zumindest mit Sicherheit sagen kann, dass diese beiden Zustände in dieser Hinsicht nicht identisch sind. Aber für beide Zustände ist es charakteristisch, dass, wer sie erlebt, fest davon überzeugt ist, das Höchste, die vollkommene Seligkeit, erreicht zu haben und eins mit dem Absoluten zu sein („Ich war zu Hause."). Wie könnten wir, von unserem philosophischen Standpunkt aus, entscheiden, was der „höchste Zustand" ist und ob es einen „endgültigen" höchsten Zustand gibt?

Das Thema „Erleuchtung" ist ja für jeden spirituell Suchenden mittlerweile ein zentrales und spielt für fast alle eine viel größere Rolle, als andere Mysterien, wie z.B. das der Dreieinigkeit. Daher lohnt es sich, hier noch einmal etwas genauer hinzuschauen. Was ist Erleuchtung? Grundsätzlich ließe sie sich definieren als das tief empfundene *Gefühl der Einheit* oder auch der *Zustand der Einheit*, der mit einem Gefühl tiefen Friedens einhergeht. Ist dieses Erleben, ist dieser Zustand nun dauerhaft? Er ist sicher bei einigen Menschen in dem Sinne dauerhaft, als sie ihn für ihr ganzes irdisches Leben nicht mehr verlieren. In der Literatur wird zwar unterschieden zwischen dauerhaften und nicht dauerhaften Erleuchtungszuständen (Savikalpa Samadhi, Kevala Nirvikalpa Samadhi, Sahaja Nirvikalpa Samadhi), aber auch wenn Sahaja Nirvikalpa Samadhi als dauerhafter Zustand - das heißt: als das Ende des Kreislaufs der Wiedergeburten - beschrieben wird („wie ein Fluss, der sich mit dem Ozean vereinigt hat"), so ist eben diese Behauptung *nicht* auf Erfahrung gegründet, weshalb man sie als die eigentliche *Offenbarung* des Vedanta (bzw. des Buddhismus etc.) bezeichnen kann. Die Behauptung, dass man als erleuchteter Mensch nicht wiedergeboren wird, ist letztlich ein Glaubenssatz.

Uns erscheint das *Weltbild*, das auf Nahtoderfahrungen beruht, insofern als das umfassendere, philosophisch gesehen vollständigere, als hier die Vielheit nicht bloß als Täuschung, sondern als Realität gesehen wird (wenn auch nur als relative Realität, während die Einheit die absolute Realität darstellt). Der Satz „Der Vielheit liegt eine Einheit zugrunde, die tiefer ist als die Vielheit" ist ein Satz, der mehr Wahrheit enthält, als der Satz „Es gibt nur Einheit und Vielheit ist bloße Täuschung". Einheit-in-der-Vielheit und Vielheit-in-der-Einheit ist das Letzte und Tiefste, was man über die Realität sagen kann, ist die tiefste Realität. Realität heißt auf deutsch „Wirklichkeit". Bloße Einheit ist keine *Wirk*lichkeit, denn in der absoluten Einheit kann nichts *wirken*. Wenn man zur intuitiven Erkenntnis der Einheit aller Dinge kommt, verschwindet dadurch ihre Vielheit? Das tut sie nicht. Das östliche Weltbild würde da anfangen, falsch zu sein, wo behauptet wird, dass die Vielheit sich wirklich und in jedem Sinne auflöst, denn diese Auflösung wäre auch das Ende der „Realität". Die Erfahrung der Einheit ist in jedem Fall ohne die Erfahrung der Vielheit unvollständig oder unmöglich. Keine „Einheitserfahrung" ohne „Vielheitserfahrung".

Wir müssen die Lehren aus Nahtoderfahrungen und die Lehren des Vedanta in einen gemeinsamen Kontext bringen: Das ist der einzige Weg zu einem wirklich ganzheitlichen und modernen Weltbild, zu einer wirklich ganzheitlichen und modernen Spiritualität. Beide Weltbilder sind in ähnlicher Weise zueinander komplementär wie in der Quantenphysik die Interpretationen der Realität als Teilchen und als Welle sich komplementieren. Niels Bohr formulierte folgende Interpretation des Doppelspalt-experiments: „Die Begriffe Teilchen und Welle ergänzen sich, indem sie sich widersprechen; sie sind komplementäre Bilder des Geschehens." Das Komplementaritätsprinzip in der Physik ist ein hervorragendes Analogon zum Verhältnis unserer Weltbilder, insofern, als die *Art der Beobachtung* determiniert, welches Weltbild als richtig erscheint. Hier ist es nun so, dass man ganz und gar vom Standpunkt des eigenen Bewusstseins ausgehend zur Nicht-Dualität gelangt; dies wäre der „östliche" Standpunkt. Man betrachtet also das eigene Bewusstsein als das zunächst einzige Gegebene, als einzige unmittelbare, „sichere" Realität, während man die vom eigenen Bewusstsein unabhängige Realität „äußerer" Objekte als potentiell illusorisch ansieht („von innen betrachtet"). Wenn man hingegen das eigene Bewusstsein mehr „von außen" betrachtet, indem man die Phänomene, die sich in diesem Bewusstsein darstellen, also den „Inhalt" des Bewusstseins, interpretiert und auslegt, wenn man Offenbarungen, die Transzendierungen des individuellen Bewusstseins sind, miteinbezieht, gelangt man zum „westlichen" Weltbild, welches stärker die Realität der Vielheit und Multidimensionalität betont. Wie in der Quantenphysik ergeben zwei unterschiedliche Standpunkte, von denen aus man die Welt betrachtet, zwei unterschiedliche „Weltbilder" (der sogenannte „Welle-Teilchen-Dualismus"), die man als sich ergänzend und nicht als sich widersprechend sehen kann und sollte. Man könnte sogar sagen, dass vom Standpunkt der Vielheit aus die Wahrnehmung der absoluten Einheit eine Täuschung ist und dass vom Standpunkt der Einheit aus die Wahrnehmung der absoluten Vielheit eine Täuschung ist. Jedes „Entweder-Oder" ist hier automatisch falsch, nur ein „Sowohl-als-Auch" nähert sich der Wahrheit an, auch wenn natürlich die Einheit das Erste ist und daher ihr Standpunkt der höhere, umfassendere, der aber für sich genommen die Realität nicht vollständig beschreibt.

Die zwei philosophischen Perspektiven, die dem Gedanken der Einheit-in-der-Vielheit unterzuordnen sind, sind Realismus und Idealismus. Der Realismus sagt „Die Realität ist viele Dinge", der Idealismus sagt „Die Realität ist mein Bewusstsein". Können wir, statt ewig zwischen diesen beiden hin- und herzuwechseln, beide Standpunkte transzendieren? Schon der alte Kantische und Schopenhauersche Gegensatz von „Ding-an-sich" und „Erscheinung" ist, richtig verstanden, erhellend, kann aber auch irreführend sein, wenn man die Konzepte als Dualismus auffasst. Brahman ist das „Ding-an-sich", aber die Erscheinungswelt ist nichts von Brahman Verschiedenes (kein dualistisches Gegenteil), sondern er erscheint sich selbst, oder, wie die *Yoga Vasishta Sara* es ausdrückt: So wie ein einzelnes Gesicht in vielen Spiegeln als viele erscheint, so erscheint das eine Selbst in vielen Intellekten als viele. Aber nur die Reflexionen können unklar oder verunreinigt sein, das Urbild bleibt immer rein und klar. Oder christlich ausgedrückt: Gott schuf den Menschen nach „seinem Bilde"; das göttliche Urbild bleibt immer vollkommen, auch wenn die Seelen, die Kinder des Höchsten, es nicht vollkommen realisieren.

Nicht-dualistische mystische Lehren gibt es natürlich nicht nur in den indischen Traditionen, sondern auch im Westen. Nicht-Dualität ist auch keine exklusive Lehre der Upanishaden oder Jesu Christi (etwa im Johannesevangelium und einigen Apokryphen), sondern findet sich in vielen anderen großen Traditionen, dem Buddhismus, Sufismus, Taoismus, gnostischen Schriften, letztlich in jeder Mystik von Meister Eckhart bis zu Ramana Maharshi. Aber Advaita Vedanta und die Person Christi sind als Zugangspunkte besonders hilfreich, weil sie von zwei unterschiedlichen Seiten darauf hinwirken, das falsche Weltverständnis des bloß rationalen Verstandes aufzulösen. Advaita Vedanta zeigt systematisch, was alles nicht die „wahre Realität" sein kann. Durch diese Methode der Elimination bleibt schließlich nur das „wahre Ich", Atman, übrig. Jesus Christus zeigt durch sein Beispiel, dass durch die Kraft der Liebe, durch das Verständnis des Herzens, sich die vermeintlichen Beschränkungen der materiellen Welt, Maya, auflösen. Grundsätzlich ist die Gefahr, mystische, offenbarte Lehren misszuverstehen bei den Offenbarungsreligionen noch viel größer, wenn die Gläubigen keinen „Abgleich" oder keine Verifizierung und Erforschung des Gelernten mit Hilfe von Innenschau betreiben. Auch sind natürlich keineswegs alle Offenbarungen echt - und doch gibt es auf der Erde immer wieder Offenbarungen des Allerhöchsten.

Die Entwicklung des Bewusstseins hin zur Präsenz, zur Nicht-Dualität, wie sie Eckhart Tolle und Rupert Spira lehren, ist für die allermeisten Menschen sicher der wichtigste spirituelle Entwicklungsschritt, den sie hier auf der Erde machen können: daher die Wichtigkeit, der hohe Wert dieser Lehrer. Ihr historischer Prototyp ist Buddha, der Erleuchtete. Wenn wir aber an transzendente Welten und Offenbarungen glauben, gibt es jenseits dieses Schrittes noch unabsehbar viele Möglichkeiten der geistigen Entwicklung. Wenn sich die Erkenntnis der Einheit-in-der-Vielheit bei einem geistigen Wesen verfestigt hat, ist dieses Wesen bereit für neue Aufgaben, denn es sieht seine Rolle im Kosmos nun ganz anders, nämlich als Teil eines großen göttlichen Plans, einer Evolution des Geistes, und nicht als eine getrennte Einheit, die nur auf das eigene Überleben bedacht sein muss.

Erleuchtungserfahrungen sind keineswegs abhängig von östlichen Philosophien; sie geschehen spontan und die Philosophien helfen nur, sie im Nachhinein zu erklären (wobei sich die „Erleuchtung" durch bestimmte spirituelle „Techniken" zwar vorbereiten, aber nicht erzwingen lässt). Auch der „Weg der Liebe" ist natürlich nicht abhängig vom christlichen Kontext; entsprechend sollte man sowohl hinduistische als auch christliche Lehren als

Hilfestellung sehen. Wir brauchen ein neues Weltbild, das über traditionelle östliche religiöse Ansätze ebenso hinausgeht, wie über traditionelle christliche Ansätze und dessen vielleicht wichtigste Quelle Nahtoderfahrungen sind. Tiefe Nahtoderfahrungen geben uns Aufschlüsse über den geistigen Kosmos und unseren Platz in ihm. Wir sind im Moment noch dabei, alte Traditionen im Lichte neuer Offenbarungen durch Nahtoderfahrungen einzuordnen.

DIE PHILOSOPHIE DES ADVAITA VEDANTA

Warum ist Advaita Vedanta oder Jnana-Yoga so ein effektiver Weg? Weil der Verstand so sehr mit der Vorstellung einer definierten (physischen) Person aufgeladen ist, dass er das größte Hindernis auf dem Weg zur Befreiung ist, aber durch Advaita Vedanta wird er zu ihrem Wegbereiter. Der Verstand wird erst Ruhe geben, wenn er eine zufriedenstellende Antwort auf seine Fragen gefunden hat. Weil man auf diesem Wege den Verstand mit seinen eigenen Mitteln schlägt (man zeigt ihm seine Grenzen), wird der Blick frei für die Realität jenseits des Verstandes.

Advaita Vedanta ist auch deshalb so wichtig, weil hier der Schlüssel liegt zum Beenden der unseligen und sinnlosen Streitereien zwischen „Atheisten" und „Theisten" sowie zwischen „Materialisten" und „Religiösen" oder „Spirituellen". Wenn man dann noch Kant und Schopenhauer hinzunimmt, sollte endlich Klarheit und Einigkeit herrschen - wobei dies etwas naiv ist, denn nicht alle Menschen sind reif dafür.

Die Einheit hinter den Polaritäten ist der zentrale Sinn von Advaita Vedanta. Der Kern der Lehre des Advaita Vedanta ist, dass Subjekt und Objekt Verstandeskonstrukte sind und dass das unveränderliche Selbst, unser wahres Wesen, mit der veränderlichen Welt eins ist, dass es also keinen Dualismus gibt. Zunächst wird nachgewiesen, dass die gängige Unterscheidung zwischen dem „Ich" (als identifiziert mit Körper und Verstand) und der äußeren Welt der Objekte eine falsche ist, die auf Konventionen beruht und aus der Erfahrung nicht bestätigt wird. Stattdessen wird mit Hilfe sogenannter Vivekas (analytische Betrachtungen) eindeutig nachgewiesen, dass das ewige wahre Sein, das jenseits der Objekte, jenseits des Körpers, jenseits des Verstandes liegt, das Licht des Bewusstseins ist. Denn es ist dieses allein, das die „Existenz" alles anderen ermöglicht. Das wahre Selbst ist unveränderlich, alles andere ist veränderlich. Das wahre Selbst ist sehend, alles andere ist nicht sehend und wird gesehen. Das wahre Selbst ist Bewusstsein, alles andere ist nicht Bewusstsein. Bewusstsein ist immer auf der Seite des Selbst, nicht auf der anderen Seite. Das wahre Selbst ist also jenseits der Erfahrungswelt. Es ist nicht irgendetwas *in* der Erfahrungswelt, aber - und hier kommt die „Nicht-Dualität" ins Spiel - die Gesamtheit der Erfahrungswelt *ist auch das Selbst,* das sich in ihr darstellt. Es ist nicht von ihr unterschieden. Es ist also kein Zweites, das *unabhängig* von ihr existiert, denn zwei unterschiedliche Dinge können immer auch *getrennt wahrgenommen werden*: Ich nehme meine rechte Hand getrennt von meiner linken wahr; aber nichts in der Erfahrungswelt kann getrennt vom Bewusstsein wahrgenommen werden. Bewusstsein und Erfahrungswelt sind untrennbar eins.

Die entscheidende Perspektiviänderung ist die folgende: Unsere Wahrnehmung richtet sich nicht mehr nur nach außen, auf die Objekte, sondern auf sich selbst. Bei genauer Analyse zeigt sich dann, dass auch das uns am nächsten Liegende, der eigene Körper und der Verstand, nur *„Objekte"* unseres Bewusstseins sind, nur im Lichte dieses Bewusstseins überhaupt da sind. Plötzlich wird der Prozess der Wahrnehmung, das Bewusstsein selbst, als das eigentlich Existierende erkannt und die einzelnen Objekte als etwas, das keine von uns unabhängige, für sich genommene Existenz besitzt, sondern substanziell nichts anderes ist, als unser Bewusstsein, als wir selbst. Es gibt kein innen und außen mehr. Unsere Aufmerksamkeit richtet sich nun auf die Wahrnehmung, auf das Bewusstsein selbst und die einzelnen Objekte treten verhältnismäßig in den Hintergrund, während es vorher so war, dass die einzelnen Objekte im Vordergrund standen und die Tatsache, dass *wir* uns diese Objekte *bewusst sind,* gar nicht bemerkt wurde.

Advaita Vedanta hilft uns von dem grundlegenden „Nichtwissen" zurückzukommen, welches darin besteht, dass das wahre Selbst, *das alles ist,* dieses vergisst und meint, es *sei ein kleiner Teil der Erfahrungswelt* und sich selbst mit einem seiner Objekte (z.B. Körper, Verstand) verwechselt. So entsteht das „Ego", das kleine oder falsche oder illusorische Selbst.

„Ich bin das Licht der Welt": Alle Objekte (auch der physische Körper, der Verstand und die Gedanken) stellen sich nur *im Lichte des eigenen Bewusstseins* dar. Daher ist dieses Bewusstsein dein wahres, innerstes Wesen. Das erkennende Subjekt und das fühlende Subjekt sind aber wunderbarerweise eins. Wahres Sein ist Fühlen-Erkennen. Es ist nicht nur Erkennen, es ist nicht nur Fühlen. Laut Advaita Vedanta gelangt man durch die „drei Schritte" (die Lehre hören, verstehen und sie in der Meditation vertiefen und realisieren) zu der unausweichlichen Erkenntnis, dass nichts anderes das wahre Wesen des Menschen sein kann, als das fühlende-erkennende Selbst, jenseits aller Objekte, jenseits der Zeit. Das Selbst ist unveränderlich in der Veränderung. Es ist bewusst; darüber hinaus kann man ihm keine Attribute beigeben.

Swami Sarvapriyananda erzählt mehrmals die einfache und doch tiefsinnige Geschichte von den zehn Freunden, die einen Fluss überqueren. Als sie den Fluss überquert haben, sagt einer: „Wir müssen zählen, ob auch alle hier sind." Er zählt. Und er zählt (sich selbst aus Unachtsamkeit nicht mitzählend) nur neun. Auch die anderen zählen alle, die sie sehen, und kommen jeweils nur auf neun. Nun sind sie traurig und verzweifelt: „Der zehnte Freund ist ertrunken! Er ist tot!" Dann kommt ein weiser Mann daher und fragt: „Warum seid ihr traurig?" Sie antworten: „Unser Freund ist ertrunken. Wir waren zehn und jetzt sind wir nur noch neun." Der weise Mann zählt und sagt: „Nein, ihr seid zehn." Sie erwidern: „Nein, wir sind nur neun. Wir haben alle gezählt." Der weise Mann sagt: „Beruhigt euch, glaubt mir: Alles ist in Ordnung. Der zehnte ist da." Sie beruhigen sich langsam und der Weise sagt: „Nun wollen wir noch einmal schauen." Einer zählt bis neun und sagt: „Siehst du, es sind nur neun." Der Weise nimmt den Finger, mit dem der Mann gezählt hat, und richtet ihn auf den Zählenden selbst. Und der Zählende merkt, dass er auch sich selbst zählen muss. Mit einem Mal versteht er: Alle sind da. Der zehnte Freund *war nie verschwunden*. Er ist völlig erleichtert und alle freuen sich mit ihm: „Unser Freund ist nicht ertrunken, wir sind alle da!"

Dieses kleine Gleichnis beschreibt alle sieben Schritte der spirituellen Entwicklung. Die sieben Schritte sind: Die Unwissenheit, das „Verhülltsein", der Irrtum und mit ihm das Leid, der Glaube, die Analyse und das Verständnis, das Verschwinden des Leids, das Realisieren der Freude und der Einheit mit Gott: „sat-chit-ananda".

Zu Anfang weiß keiner der zehn, dass er auch sich selbst zählen muss. Das ist die Unwissenheit. Vedanta spricht von „Unwissenheit" und nicht von „Erbsünde". Dann das „Verhülltsein": Weil er nicht weiß, dass er sich selbst zählen muss, ist er für sich selbst verhüllt. So ist Atman oder Gott für uns verhüllt. Die dritte Stufe ist der „Irrtum", nämlich der Glaube, dass die zehnte Person ertrunken ist, bzw. der Glaube, dass man der Körper und der Verstand ist. Dieser Glaube führt zu Leid und Unglück. Der nächste Schritt ist das Empfangen einer religiösen Lehre: der „Glaube". Man erfährt, dass es eine Wirklichkeit jenseits dieses Körpers und Verstandes gibt, jenseits des Leids, gleichgültig, ob man diese nun Gott oder Nirvana oder was auch immer nennt. Dieser Schritt findet statt, als der Weise vorbeikommt und zunächst sagt: „Beruhigt euch, glaubt mir, es ist alles gut." Der fünfte Schritt ist die methodische Analyse, die philosophische Selbstbetrachtung, die Unterscheidung („Viveka"). Dieser Schritt vollzieht sich, als der Weise den Finger des Zählenden auf den Zählenden selbst richtet, sodass dieser mit einem Mal erkennt: *Er selbst* ist der verloren geglaubte „zehnte Freund". Plötzlich wird ihm klar: Er ist *nicht* der Körper und der Verstand. Er ist mit einem Mal frei. Darauf folgt das Verschwinden der Trauer und des Leids. Denn es gab kein Problem: Der zehnte Freund war nie verschwunden und ertrunken, er ist da. Das Problem war nur durch die Unwissenheit entstanden. Und schließlich der siebte Schritt: Die zehn Freunde freuen sich und sind glücklich. Sie finden die Freude, die Seligkeit. Sie erkennen: *„Ich bin* die zehnte Person. Ich bin eins mit Gott. Ich bin Sat-Chit-Ananda."

Die Beziehung zwischen Brahman (reinem Bewusstsein) und der Welt wird oft am Beispiel der goldenen Halskette erklärt: Die Halskette (Welt der Objekte) ist aus Gold (Brahman/ Bewusstsein). Die Halskette (Welt) ist ihrem wahren Wesen nach nichts außer Gold (Brahman) und alle anderen Attribute der Halskette (Name, Form und Zweck) sind nicht Brahman oder sind nicht Teil des Wesens von Brahman. Aber was bleibt von den Dingen der Welt ohne Form, Name und Zweck? Diese drei zusammen sind Maya, die Illusion der absoluten Realität der Objekte.

Die Schritte des Verstehens, die jenseits der „natürlichen", unreflektierten Ansicht („Ich bin eine kleine physische Einheit in der großen Welt") liegen, sind die folgenden: 1) Alles in der Welt ist in mir, ist in meinem Bewusstsein. Die Welt (der Vielheit, der Formen) existiert nur im (bzw. aus) Bewusstsein („Gold"). Wenn man das Gold wegnähme, würde auch keine Halskette („Form") mehr existieren. 2) Die Form der Halskette (die Welt der Objekte) gehört nicht zum *Wesen* des Goldes (des Bewusstseins). *Insofern* existiert sie *nicht*. Die Formen der Welt gehören nicht zum Wesen des Bewusstseins. Insofern existieren sie nicht. Keine Halskette ohne Gold - keine Welt ohne Bewusstsein. Du *bist* Sein. Außerhalb dieses Seins gibt es kein zweites Sein. Insofern die Objekte *unabhängig von dir zu existieren scheinen*, existieren sie nur als „Name-Form-Zweck" und das ist alles - wie die Buddhisten sagen - „leer". Aber das Konzept der Leere ist nur ein Werkzeug zum Verstehen. Wenn man „Leere" versteht als absolute Nicht-Existenz der Welt, ist das ein Missverständnis und eine Sackgasse. Es ist nur eine relative Nicht-Existenz.

Warum sind zwei Schritte erforderlich, um das „Nichtwissen" zu überwinden? Es ist evident, dass ich bin, aber es ist nicht unmittelbar deutlich, dass ich bereits vollkommen und vollständig bin, dass nur Vollkommenheit und Vollständigkeit existiert und dass ich diese bin, dass also alles eins ist. Die Lehren der Upanishaden und des Advaita Vedanta zeigen nun zunächst, dass ich nichts von dem, was im Lichte meines Bewusstseins erscheint, sein kann. Die falsche Unterscheidung zwischen innen und außen wird aufgehoben. Während jeder sagt „Ich bin nicht die äußere Welt", erkennt er nun auch, dass er nicht sein Körper und nicht seine Gedanken sein kann. Wenn er sein Ich nirgendwo in der Welt der Objekte finden kann, wird er zu der Einsicht gezwungen, dass er Bewusstsein ist, das, was alles wahrnimmt. Dies ist der erste Schritt. Der zweite Schritt ist es, zu erkennen, dass die Objekte insofern Illusion sind, als sie nichts wirklich getrennt Existierendes sind, kein für sich existierendes Anderes, dass sie aber insofern wirklich sind, als sie auch das Selbst, auch Bewusstsein sind. Dies ist es, was die berühmte Formel „tat tvam asi - dies bist du" aussagt. Die Überwindung des hier beschriebenen Nichtwissens und die Etablierung des Wissens sind das, was man als Erleuchtung bezeichnet. Durch hören, lesen, lernen, verstehen und innerlich nachvollziehen wird diese Erkenntnis langsam vorbereitet, aber sie realisiert sich tatsächlich in der Gegenwart. In dem Moment, wo sie sich realisiert, kommt es zu einer Auflösung der psychologischen Zeit.

Das Ende der psychologischen Zeit ist auch das Ende der Täuschung. Das Entdecken der Wahrheit ist aber nichts anderes, als das Verschwinden der Täuschung, denn die Wahrheit muss ja nicht konstruiert werden, sie muss nur entdeckt oder wiedergefunden werden. Es ist ein bisschen wie die Methode von Sherlock Holmes: Wenn man alles durchdacht und alles untersucht hat und es nur noch eine Möglichkeit gibt, dann muss diese Möglichkeit die Wahrheit sein. Das Ausschließen all dessen, was falsch ist, erfordert Zeit. Aber wenn alles ausgeschlossen ist, steht mit einem Mal die Wahrheit da. Sie war schon immer da, aber den Außenstehenden, Dr Watson, Inspector Lestrade usw. erscheint die plötzlich auftauchende Wahrheit wie ein Wunder.

Da das Wirkliche kein Objekt ist, kann es auch nicht gewusst werden, nicht mit dem Verstand erkannt werden. Daher ist der Weg des Wissens, Jnana-Yoga, ein Weg des Ausschließens alles Unwirklichen, wirklich vergleichbar der Methode von Sherlock Holmes. „Wenn ich das nicht bin und wenn ich das nicht bin und wenn ich das nicht bin, dann muss ich das sein, was übrig ist, auch wenn ich mit dem Verstand nicht sagen kann, was es ist." Der Weg des Verstandes ist der Weg der Auflösung des Verstandes als Instrument des spirituellen Suchens. Schließlich wird er dafür nicht mehr benötigt; für alles andere kann er hervorragend weiter funktionieren.

Es gibt keine „für sich existierenden" bewussten Objekte. Es gibt keine „für sich existierenden" bewussten Gedanken und auch keinen „für sich existierenden" bewussten Körper, sondern alles ist nur bewusst oder existent *im Lichte meines Bewusstseins.* Auch künstliche Intelligenz - egal wie komplex - ist nie bewusst. Nur ich bin bewusst, nur ich bin. Das ist das tiefste Geheimnis: *Wer* ist bewusst? *Wer* „ist alles"? Auch das uns am nächsten Liegende, Gedanken und Gefühle, sind erst bewusst im Lichte des Selbst, im Lichte des Atman. Nichts existiert ohne dieses Licht und gleichzeitig wird sich dieses Licht auch durch die Objekte seiner selbst bewusst. Es ist auch die Objekte. Wo ist das Licht der Sonne, wenn um die Sonne herum nur leerer Raum ist? Die Planeten leuchten durch das Licht der Sonne, nicht aus sich selbst. Die Sonne könnte denken, sie würden aus sich selbst leuchten, aber irgendwann versteht sie, dass das Licht, das die Planeten erleuchtet, sie selbst ist und dass ihr Licht unabhängig ist von einzelnen Planeten (Objekten).

Die Nicht-Dualität besteht darin, dass alles, was das Selbst wahrnimmt, die „Welt", nicht von ihm verschieden ist. Die Welt der Objekte ist das Selbst, das sich in ihnen darstellt. Sie ist kein dualistisch getrenntes Zweites.

Die „Dreieinigkeit" ist der Erkennende, das Erkannte und das Erkennen. Gott ist derselbe, obwohl er in zwei Formen erscheint: wandelbar und unwandelbar, manifest und unmanifest.

Das Gesetz von Karma, von Ursache und Wirkung gilt für die physische und für die Astralebene, aber nicht für das wahre Selbst. Das persönliche Karma löst sich in dem Moment auf, in dem man die Identifikation mit der physischen Welt, dem Körper und dem Verstand ganz aufgegeben hat, in dem Moment, in dem das wahre Wesen sich selbst erkennt.

Da das wahre Wesen des Menschen, seine tiefste göttliche Essenz, Liebe und Freude ist, bedeutet Selbsterkenntnis und Selbstverwirklichung auf eben jenem Standpunkt jenseits aller Standpunkte zu stehen, wo man auch alles an sich selbst (sein Körper, seine irdischen Verhältnisse) mit Liebe und Akzeptanz sieht. Alle Schwächen, Probleme und Bedürfnisse werden nicht bloß „wahrgenommen", sondern liebevoll angenommen. Der Standpunkt des wahren Selbst ist der Standpunkt der Freude und der Erfüllung. Von diesem Standpunkt aus ist es nur natürlich, allem, was in der eigenen irdischen Person, aber auch in anderen irdischen Manifestationen des Geistes, an Schmerz, Mangel usw. entsteht, mit Liebe und Mitgefühl zu begegnen. So bleibt kein Raum mehr für Konflikte, weder für innere Konflikte, noch für äußere Konflikte.

Wenn das Selbst sich verwirklicht (erkannt) hat, handelt man aus der Freude heraus. „Freude" bedeutet also nicht Passivität. Es ist eben *nicht* so, dass Aktivität nur aus dem Gefühl des Mangels entsteht.

„Nicht-Zwei" heißt, die wahrgenommene „objektive" Welt ist das objektivierte „Selbst". Die „Unwissenheit" besteht darin, dass das Selbst sich mit *Fragmenten* dieser Welt identifiziert. So entsteht das psychologische Phänomen der Trennung. Das Selbst empfindet sich als von sich selbst und dem Rest der Welt als getrennt. Diese Trennung wird durch Selbst-Erkenntnis aufgehoben.

Da das wahre Selbst, der Atman, höher ist als alle Einzeldinge, kann es keine Harmonie geben, wenn sich ein Mensch mit Einzeldingen ganz identifiziert, wenn er sich ganz mit seinem Körper identifiziert, ganz mit Erfolg oder Geld, ganz mit bestimmten Gedanken usw.

Jesus hat schon recht mit seinem „Das Fleisch ist nichts nütze. Der Geist ist's der lebendig macht". Wir nehmen in der Regel nur die Welt (also die Schöpfung) wahr und nicht den Schöpfer. Durch Advaita Vedanta und Selbstbeobachtung können wir den Schöpfer in uns erkennen und realisieren, dass wir eins mit ihm sind. Im nächsten Schritt erkennen wir, dass auch die Schöpfung eins mit dem Schöpfer ist. Man könnte auch Jesu Gleichnis von dem Haus, das auf Fels gebaut ist, benutzen und sagen: Wenn wir uns des Urgrundes des Seins bewusst werden, haben wir auf Fels gebaut.

Du bist zwar nicht der Handelnde, sondern nur der, der sich der Handlungen und Ereignisse bewusst ist, aber du bist doch der, der diese ganze Welt der Handlungen und Gedanken trägt und möglich macht. Du bist eins mit all diesem Dynamischen, was geschieht, aber nicht als etwas Einzelnes, sondern als alles. Die tiefste Wahrheit ist paradox: du bist alles, was sich bewegt, und bleibst doch still.

Die Lunge atmet, das Gehirn denkt, die Haare wachsen... Aber kein „Ich" atmet, denkt usw. Jede Handlung ist im Bewusstsein, aber das Bewusstsein handelt nicht.

In der „Welt als Vorstellung", wie Schopenhauer sie genannt hat, gibt es auf vielen Ebenen zahllose komplexe Prozesse und Aktivitäten, die „mühelos" oder „wie von selbst" ablaufen: Das Wasser fließt, der Wind weht, die Bäume wachsen, deine Haare wachsen, der Darm verdaut, die Haut fühlt, die Lunge atmet, das Gehirn denkt, die Augen sehen, der Körper handelt usw. Pflanzen reagieren auf Reize, Menschen reagieren auf mehr oder weniger abstrakte Motive und Reize; aber wer „tut" diese Dinge? Gibt es ein selbstbewusstes Wasser, das sich entscheidet zu fließen, gibt es eine selbstbewusste Lunge, die sich entschließt zu atmen, gibt es ein selbstbewusstes Gehirn, dass sich entschließt zu denken? Nein: Alle diese Prozesse geschehen, ohne dass einem einzelnen Prozess ein bestimmtes Selbstbewusstsein zugrunde liegt. Vielmehr ist es so, dass ein Bewusstsein, dein Bewusstsein, das göttliche Bewusstsein allen diesen Prozessen zugrunde liegt. Alle hier beschriebenen natürlichen Prozesse sind determiniert. Weder das Wasser entscheidet irgendetwas, noch die Lunge entscheidet irgendetwas, noch das Gehirn entscheidet irgendetwas. Es gibt nur eine einzige Entscheidung, nämlich die Entscheidung, sich mit einigen dieser hier beschriebenen Prozesse zu identifizieren und ein Bündel dieser Prozesse zu seinem Ich zu erklären; oder aber dieses nicht zu tun und als das Bewusstsein, das die Grundlage von allem ist, zu verharren, indem man wirklich „selbstbewusst" ist, nämlich sich seiner selbst als Bewusstsein bewusst ist.

Diese Prozesse sind insofern individualisiert, als, ebenso wie Wasser, das als Fluss durch eine Landschaft zum Meer fließt, sich bestimmte Wege sucht, die sich immer tiefer in die Landschaft eingraben, sich auch in unserem Gehirn, unserem Gedächtnis und unserem Körper - feinstofflich und grobstofflich - all unsere Erfahrungen und Handlungen einprägen, wodurch sich bestimmte Erfahrungen und Handlungen immer wieder wiederholen. So schaffen wir „Karma", was auch bedeutet, dass wir innerhalb des großen geistigen Systems, in dem wir leben, die Früchte guter und schlechter Taten ernten. Aber jede Tat, egal ob gut oder schlecht, ist nur dann eine Tat, wenn es einen Täter, einen Handelnden gibt. Ein Handelnder, das ist aber immer jemand, der sich mit der Tat oder mit einem Prozess identifiziert; nur durch Identifikation entsteht Karma, ohne Identifikation löst es sich mehr und mehr auf und die geistige Freiheit wird allmählich immer größer.

Das Merkwürdige ist aber, dass, auch wenn wir die Freiheit nur in uns selbst finden können, doch der Impuls zur Freiheit aus der Welt, von „außen" kommt: durch die tiefen Lehren der Weisen der Menschheit, durch spirituelle Lehrer, durch bestimmte Erlebnisse, die uns aus unserer materiellen Zufriedenheit herauswerfen. So gesehen arbeitet „Maya" selbst strukturell an unserer Befreiung mit und so wie es in der Welt sehr dunkle Stellen und Impulse gibt, so gibt es auch sehr helles Licht. Langfristig führt uns die Erfahrung der Polarität von Licht und Dunkelheit zum Licht, zur Befreiung und zur Freude.

Gewissermaßen zeigt auch die Tatsache, dass unser höchstes Ziel, das hinter allem steht, was wir im Leben tun, bedingungsloses Glück ist, dass eben dieses Glück, diese Freude, unser wahres Wesen ist: bedingungsloses Glück, das darin besteht, dass das Bewusstsein sich als eins mit aller Realität erlebt, als Einheit-in-der-Vielheit.

Die *Ashtavakra Gita* beschreibt, auf welche Weise der Geist oder das Bewusstsein kreativ ist. Dort heißt es: „Wenn der große unermessliche Ozean meines Selbst Freude empfindet, entstehen

1000 Welten wie Wellen. Wenn der große unermessliche Ozean meines Selbst Ruhe empfindet, verschwinden die Welten, wie Händler mit ihren Booten. Es ist wunderbar, wie in dem großen unermesslichen Ozeans des Selbst Existenzen leicht oder natürlich entstehen, sich vervielfältigen, spielen und zurück zur Quelle kehren." Diese Beschreibung ist letztlich wie die hinduistische Dreieinigkeit aus Schöpfer, Erhalter und Zerstörer. So ist der Geist, so ist unser göttliches Bewusstsein.

Die Advaita-Lehre nach Swami Vivekananda ist an Klarheit kaum zu übertreffen: Es gibt das Absolute und es gibt das Universum. Das Universum ist das Absolute, das in den Formen von Raum, Zeit und Kausalität erscheint. Sie scheinen zwei zu sein, sind aber nicht zwei. Das Absolute ist das Primäre. Das Universum ist das Sekundäre. Und doch ist die Beziehung zwischen ihnen keine Kausalbeziehung, denn die Kausalität beschränkt sich auf das Universum. Das Primäre umfasst das Sekundäre. Die primäre Realität beinhaltet schon die sekundäre. Aber das Universum, die sekundäre Realität, beinhaltet nicht die primäre, das Absolute. Sie ist relativ. Sie existiert nur relativ zum Absoluten. Das Absolute ist jenseits von Raum, Zeit und Kausalität.

Vivekananda sagt: Erst wenn man die Freiheit des wahren Selbst erreicht hat, kann man sein wahres Selbst manifestieren.

Die Lehren des Advaita Vedanta sind so einfach und klar, dass sie schnell überzeugen können. Vom intellektuellen Standpunkt aus lassen sie dem getrennten Selbst, dem Ego, kaum eine Chance. Auch das von uns intuitiv wahrgenommene Wesen ihrer Lehrer, ihr zufriedener, gelassener Zustand, scheinen die Richtigkeit dieser Lehren zu bestätigen.

Advaita Vedanta ist eine sehr klare philosophische Lehre, die eins-zu-eins nachvollziehbar ist. Dennoch ist das, worauf sie hindeutet, etwas, das nicht eins-zu-eins rational nachvollziehbar ist und in diesem Sinne etwas Mystisches. Das Klare und Nachvollziehbare des Advaita Vedanta ist demnach etwas Zweischneidiges: Einerseits ist es sehr hilfreich, weil es nachvollziehbar ist und überzeugend ist. Aber andererseits kann es irreführend sein, indem man denkt, man hätte nun eine absolute Wahrheit in Händen und sei bereits am Ziel. Ebenso wird auch Jesus falsch verstanden, wenn man seine Lehren wörtlich und dualistisch auffasst. Auch sie müssen mystisch und nicht-dualistisch verstanden werden, damit ihr Sinn sich erschließt. Da Jesus in Bildern spricht, ist jedoch das Mystische und Wunderbare in seiner Lehre viel prominenter als in der vergleichsweise kühlen Philosophie des Advaita Vedanta. Jesus und die Figur Jesu sprechen zum Herzen und ergänzen und vervollständigen daher die kopforientierte Lehre des Advaita Vedanta.

Da es verschiedene Schulen gibt (die Upanishaden, ihre Auslegung von frühen Philosophen, wie Shankara, bis hin zum Neo-Advaita und zum Neo-Vedanta), sollte man klarstellen, dass die Upanishaden die Grundlage bilden, dass aber gleichzeitig viele „moderne" Lehrer sehr gute „Hinweisschilder" oder „Pointer" haben, auch dann, wenn sie sich selbst gar nicht als Advaita-Lehrer sehen. Shankaras radikale Lehre der vollständigen Einheit von Atman und Brahman führte auch bald zu Widerspruch unter verschiedenen anderen Vedanta-Lehrern, die die Upanishaden anders auslegten. So entstanden die Schulen des Vishishtadvaita-Vedanta, ein modifiziertes Advaita Vedanta, das philosophisch einiges richtigstellt, ferner Achintya Bhedabheda, Dvaitadvaita, Shuddhadvaita und Dvaita-Vedanta.

Im Advaita Vedanta werden traditionell folgende Methoden angewendet: 1) Satsang: Hören der Lehre von einem Guru; 2) Verinnerlichung des Wissens durch Reflexion; 3) Meditation. Neben diesen drei Schritten gibt es eine Vielzahl von Hilfsmitteln, die die geistige Befreiung vorbereiten: Viveka (Unterscheidung zwischen Realität und Illusion), Loslösung vom Vergänglichen, Geisteskontrolle, Ausdauer, Glaube, innere Sammlung usw. Das Wichtigste aber ist der tiefe, alle anderen Wünsche überstrahlende Wunsch, befreit zu werden. Die Lehre lässt sich auch in vier „Großen Sprüchen" zusammenfassen: Tat tvam asi: Du bist Das; Aham brahmasmi: Ich bin Brahman; Ayam atma brahma: Das Selbst (Atman) und der universale Geist (Brahman) sind eins; Prajnanam brahman: Bewusstsein ist Brahman. Ein weiterer Spruch ist „Neti, neti": Nicht das, nicht dies. Wenn man erkannt hat, dass alle Objekte nicht das Selbst sein können, bleibt nur noch das, was nicht benannt werden kann, übrig.

Es muss ausdrücklich davor gewarnt werden, *ausschließlich* Satsang und das Hören von Advaita-Lehrern als Weg zu betrachten. Allerdings ist es so, dass der „traditionelle" Advaita-Weg unter Umständen auch wieder zu kompliziert wird. Etwa bei den sogenannten „Vier Mitteln der Erlösung" (Sinneskontrolle, Abneigung gegenüber weltlichen Dingen, Überwindung niederer Triebe usw.) gilt es, darauf zu achten, dass man sie nicht missversteht, denn es geht nicht um (erzwungene) Askese, um Unterdrückung der „Natur", sondern um die Reduktion von Ablenkungen, um Raum für Verinnerlichung und Innenschau. Ich empfehle also einen mittleren Weg zwischen einem sehr komplexen und einem zu einfachen.

Advaita Vedanta ist das Leerwischen der Tafel des Bewusstseins von allen Irrtümern und Illusionen und so entsteht Raum für die Wahrheit der Einheit und der Liebe.

ADVAITA VEDANTA IM KONTEXT

Kernaussagen einiger Upanishaden

[Die ersten Zusammenfassungen bis einschließlich der „Atma Upanishad" stammen aus *Eine Neue Aufklärung*.]

Aus der Isha Upanishad:

Der Herr, Gott, wohnt im Herzen aller und ist die höchste Realität. Das Selbst ist eins, ist Einheit. Nur durch das Selbst existiert Leben. Wenn man alle Wesen in sich sieht und sich in allen Wesen, kann die Vielheit des Lebens einen nicht mehr täuschen, denn man sieht seine Einheit. Das Selbst ist immanent und transzendent. Es ist die Einheit, die den Kosmos zusammenhält. Die Welt sollte als immanent und als transzendent gesehen werden und daher sollte man ein Leben führen, das sowohl tätig als auch meditativ ist. Auch Gott ist immanent und transzendent.

Die Upanishad endet mit der Formel: „Erlöse uns von dem Bösen." Sie wendet sich gegen dualistisches Denken. Die Pole ihrer ganzheitlichen Weltsicht sind Einheit und Vielheit, Immanenz und Transzendenz. Die lakonische Knappheit und der Tiefsinn der Isha-Upanishad erinnern an den Beginn des Johannesevangeliums.

Aus der Katha Upanishad:

Die Katha Upanishad stellt eine Hierarchie des Bewusstseins oder der Realität auf. Von „oben" gesehen ist die Reihenfolge: Brahman, die erste Ursache und letzte Zuflucht, darunter das nicht differenzierte Bewusstsein, darunter das Ich, dann Intellekt, Geist und Sinneswahrnehmung.

Brahman ist das verborgene Selbst in Jedem. Nur dadurch, dass man den Herrn der Liebe in der Meditation erkennt, erreicht man höheres Bewusstsein. Wer das Selbst in seinem eigenen Herzen findet, findet ewigen Frieden. Das Selbst ist der oberste Herrscher, das innere Selbst in Allen. Es ist unveränderlich inmitten aller Dinge, die vergehen. Es ist reines Bewusstsein. Das innere Selbst ist eine Einheit, aber vervielfältigt sich in Vielheit. Die Sinne und die sinnliche Erfahrung sind nicht das Selbst. Brahman, die erste Ursache, ist formlos und kann nur durch Zügelung der Sinne in der Meditation erkannt werden. Nur in der Stille, durch Beruhigung der Sinne und der Gedanken kann das Gefühl der Einheit erreicht werden. Dann löst sich das falsche Selbst (Ego) auf und das wahre Selbst (Atman) wird erkannt.

Der Herr der Liebe wohnt im Herzen und einer der Strahlen, die er aussendet, geht zum Scheitelpunkt des Kopfes. Dieser Weg führt zur Unsterblichkeit. Hier sieht man die besondere Bedeutung der Verbindung des Herzchakras mit dem Kronenchakra. Vielleicht hat dies mit der Verbindung von Liebe (göttliche Liebe) und Weisheit (kosmisches Bewusstsein) zu tun oder mit der Verbindung zwischen Gott Vater und Gott Sohn.

Taittiriya-Sammlung:

Der Bezug zwischen Einheit und Vielheit wird in der Taittiriya-Sammlung dargestellt. Der Herr der Liebe wollte, dass er viele wird. Der keine Form hat, nahm viele Formen an; der unendlich ist, erschien als endlich; der überall ist, nahm einen Ort an; der Weisheit ist, verursachte Unwissen; der wirklich ist, verursachte Nicht-Realität. Der Herr der Liebe (= Christusgeist?) aber wurde von Brahman (= Gott Vater?), dem Unmanifesten, hervorgebracht. Dadurch, dass man das Selbst erkennt, erkennt man die Einheit des Lebens. Der bloße Gelehrte kennt das Selbst nicht. Das Selbst ist die Quelle *bleibender Freude*. Wir finden es eingeschlossen in den Tiefen unseres Bewusstseins. Auch Yogananda erklärt bezugnehmend auf die Bhagavad Gita (5.21), dass der tiefste Wunsch aller Wesen (noch jenseits der Liebe) der Wunsch nach *Freude* („joy") ist, dass aber dauerhafte, ewig neue Freude nur innerlich durch Meditation erreichbar und nicht im materiellen Äußeren zu finden ist.

Aitareya-Sammlung:

Die Sinneswahrnehmungen sind *durch* das Selbst. Ist das Selbst der Verstand, das womit wir wissen oder uns erinnern oder das, womit wir wollen, begehren und lieben? Nein, denn dieses sind nur die Diener des Selbst. Das Selbst ist reines Bewusstsein. Das Selbst ist alles in allem. Es umschließt alle Götter, alle fünf Elemente, alle Kreaturen. Die Welt gründet sich auf reines Bewusstsein (Prajna) und Prajna ist Brahman.

Atma Upanishad:

Das höchste Selbst wird nicht geboren und stirbt nicht. Es kann nicht getötet oder zerstört werden. Es hat keine Attribute. Es ist der ewige reine Zeuge, unteilbar, nicht zusammengesetzt. Es ist weit jenseits der Sinne und des Ego. Es ist allgegenwärtig, jenseits allen Denkens. Es ist unberührt von der äußeren und inneren Welt. Es reinigt das Unreine.

Brihadaranyaka Upanishad:

Diese Upanishad beschreibt die Vorgänge im Augenblick des Todes und das Phänomen der Reinkarnation und ist daher eine besonders auf Transzendenz ausgerichtete.

Alles wird nicht um seiner selbst wegen geliebt, sondern weil das Selbst in ihm wohnt. Das Selbst muss verwirklicht werden. Zuerst *hört* man von dem Selbst, dann *meditiert* man auf das Selbst und schließlich *realisiert* man das Selbst. Dann versteht man alles. Wenn man aber die Dinge als getrennt vom Selbst ansieht, verwirrt einen alles. Das Selbst, reines Bewusstsein, scheint als Licht im Herzen. Es *scheint* nur zu denken und sich zu bewegen, aber es schläft, wacht und träumt nicht. Wenn das Selbst in meinen Körper eintritt, scheint es die Schwächen und Begrenzungen des Körpers anzunehmen, aber wenn es den Körper zum Zeitpunkt des Todes verlässt, werden all diese Begrenzungen und Schwächen zurückgelassen. Beim Tod stirbt der physische Körper, aber es bleibt ein nicht-physischer Körper, der die Eindrücke aus dem Leben mitnimmt und das nächste Leben determiniert. In der Zwischenwelt zwischen der irdischen Welt und der höheren Welt schafft das Selbst diese Eindrücke und löst sie auch wieder auf (dies könnte der Lebensrückschau bei Nahtoderfahrungen entsprechen). In diesem „Zwischenwelt" genannten Bewusstseinszustand (der zweifellos der Astralwelt entspricht und mit einem Traumzustand verglichen wird) schafft das Selbst alle seine Objekte unmittelbar und schafft sich damit seine Freuden selbst. In dieser Zwischenwelt kann das Selbst alles sehen und genießen und bleibt doch davon unberührt. Im traumlosen Schlaf, frei von allen Wünschen, ruht das Selbst. Der Zustand der Einheit mit dem Selbst wird mit dem Zustand der geschlechtlichen Vereinigung verglichen: ein Zustand, in dem man nicht mehr weiß, was außen und was innen ist und alle Wünsche vollkommen erfüllt sind. Zum Zeitpunkt des Todes sammelt das Selbst alle Lebensenergien im Herzen und nimmt sie mit. Wenn es den Körper verlässt (wenn dieser stirbt), wird es eins mit dem „Bewusstsein". Mit diesem Bewusstsein begleiten es auch alle Eindrücke dessen, was der Körper getan, gewusst und erfahren hat. Wenn das Selbst in einem Leben alles Unwissen überwunden hat, schafft es für sich selbst eine neue, schönere Form, so wie ein Goldschmied aus dem Gold eines alten Schmuckstückes ein neues schafft. Diese neue Form ist die Form eines himmlischen Wesens oder eines Devas (diese Vorstellung rückt die Upanishad in die Nähe „westlicher" Vorstellungen von geistiger Evolution, Transformation und Wiedergeburt im Geiste). Unser tiefster Wunsch ist das, was unser Leben determiniert, besonders der Wunsch, den wir zum Zeitpunkt des Todes haben. Wir werden zur Erde zurückkehren, um die Befriedigung dieses Wunsches zu erreichen, aber die, die frei von irdischen Wünschen sind und die Erfüllung im Selbst gefunden haben, werden eins mit Brahman, dem unendlichen, ewigen Licht. Frei vom Bösen, frei von Zweifeln und Sünde leben sie im Königreich Brahmans.

Shvestashvatara Upanishad:

Das Individuum bewegt sich auf dem sich ewig drehenden Lebensrad auf und ab, solange es glaubt, es sei ein getrenntes Wesen, bis es seine Identität mit dem Herrn der Liebe sieht und im unteilbaren Ganzen Unsterblichkeit erreicht. Bewusster Geist und unbewusste Materie haben immer existiert und die Maya scheint sie zu verbinden (hier vermittelt die Upanishad ein dualistisches Weltbild, vergleichbar der Samkhya-Philosophie). Die Freude scheint außer uns zu existieren, aber wenn diese drei als eines gesehen werden, erscheint das Selbst und zeigt seine universelle Form und dient als Instrument des göttlichen Willens. Alles ist Veränderung in der Welt der Sinne. Aber der Herr der Liebe ist unveränderlich. Man möge auf Ihn meditieren und ganz in Ihm absorbiert werden. Er ist immer im Herzen. Durch die Meditation möge man realisieren, dass diese Welt mit der Gegenwart Gottes angefüllt ist. Das Selbst ist im Herzen aller verborgen. Man möge es in den Tiefen der Meditation realisieren. Der Herr der Liebe ist die höchste Realität und das Ziel allen Wissens. Wir werden Kinder der Unsterblichen Freude genannt, geboren, um mit dem Herrn vereinigt zu werden. Der Upanishad weist darauf hin, dass es wichtig ist, die Lebensenergie zu konservieren und das Kundalini-Feuer zu entzünden, den Geist und den Atem unter Kontrolle zu bringen und tief von der göttlichen Liebe zu trinken, um den Zustand der Einheit zu erreichen. Wenn wir uns dem Herrn der Liebe hingeben, werden wir frei von der karmischen Bindung und der Ursache allen Leids. Auch Gesundheit ist ein Zeichen des Fortschritts in der Meditation. Brahman, die Realität, die keine Attribute hat, wird zum Herrn der Liebe. Dieser herrscht von innen mit Seiner göttlichen Kraft. Er ist das einzige, was ist. Die Ihn erkennen, sind unsterblich. Der Herr der Liebe ist Einer. Er ist der innere Herrscher aller

Wesen. Er projiziert den Kosmos aus sich heraus. Er hält ihn und zieht ihn zurück in sich selbst. Er ist überall und hält alles zusammen. Er ist die Quelle der Lebenskraft. Er kann unser Bewusstsein reinigen. Der Herr der Liebe ist wie eine kleine Flamme im Herzen verborgen und kann nur bei beruhigtem Verstand erkannt werden. Die Schriften sind nutzlos für jemanden, der nicht weiß woher sie stammen. Nur die, die den Herrn der Liebe als ewig präsent im Herzen erkennen, erreichen bleibende Freude. Der Herr der Liebe ist der höchste Magier. Aus ihm stammen alle religiösen Lehren und Riten und das ganze Universum. Nur durch die Magie der Maya ist Er unsichtbar und bleibt verborgen in den Herzen aller. Er ist der höchste Magier, der die Form aller Wesen angenommen hat und sie aus sich hervorgebracht hat. Das Selbst wohnt als Licht im Herzen, aber wenn es sich mit dem Ego identifiziert, erscheint es als etwas anderes. Es mag klein erscheinen, aber es ist unendlich. *Das verkörperte Selbst nimmt viele Formen an, die seiner Evolution dienen. Dies ist ein göttliches Gesetz.* Der Herr, der den Kosmos aus sich selbst hervorgebracht hat, ist reines Bewusstsein, omnipräsent, allwissend und allmächtig. Die Upanishad weist auf den hohen Wert der Mantra-Meditation hin, die uns hilft, den Ego-Willen zu zerstören.

Mundaka Upanishad:

Das Selbst projizierte das Universum als evolutionäre Energie. Aus dieser Energie entstanden Leben, der Verstand, die Elemente und die karmische Welt, die an Ursache und Wirkung gebunden ist. Der Herr der Liebe ist höher als Name und Form. Er ist in allen präsent und transzendiert alle. Er ist ungeboren, ohne Körper und Verstand, aber der Körper und der Verstand stammen aus ihm. Auch Erde, Luft und Wasser stammen aus ihm. Hell leuchtend, aber verborgen bleibt das Selbst im Herzen. *Das Selbst ist die Quelle der Liebe und kann durch Liebe erkannt werden, aber nicht durch Gedanken.* Man möge den Bogen der heiligen Schriften nehmen, den Pfeil der Hingabe darauf legen und dann die Bogensehne der Meditation ziehen und auf das Ziel zielen: den Herrn der Liebe. Wie zwei goldene Vögel, die als enge Freunde auf demselben Baum sitzen, so wohnen auch das Ego und das Selbst im selben Körper. Das Ego isst die süßen und sauren Früchte vom Baum des Lebens, aber das Selbst schaut mit Abstand nur zu. Wenn man das Selbst, die höchste Quelle der Liebe und des Lichtes realisiert, transzendiert man die Dualität des Lebens und erreicht den Zustand der Einheit. Man sieht den Herrn der Liebe in allen und vergisst sich im Dienst an allen. Der Herr der Liebe ist unsere Freude und unsere Ruhe. Nicht durch Diskurs oder Intellekt, auch nicht durch das Studium der Schriften kann man das Selbst realisieren, sondern nur denen zeigt es sich, die sich mit ihrem ganzen Herzen nach ihm sehnen. Diese werden vom Selbst erwählt. Die das Selbst kennen, werden das Selbst.

Mandukya Upanishad:

Brahman ist alles. Unser Selbst ist Brahman. Das Selbst hat vier Bewusstseinszustände: einmal das Wachbewusstsein, bei dem die Sinne sich nach außen richten; dann der Traumzustand, bei dem die Sinne sich nach innen richten; und schließlich der Tiefschlaf, in dem es weder Träume noch Begierden gibt. Hier gibt es keine Trennung, aber der Schlafende ist sich dessen nicht bewusst. Wenn er sich dessen bewusst wird, öffnet sich die Tür zu bleibender Freude. Dieser Tiefschlaf-Zustand (Prajna) ist allmächtig und allwissend, ist die Quelle und das Ende von allem. Entscheidend ist aber der „überbewusste" Zustand (Turiya), jenseits der Sinne und des Intellektes, das höchste Ziel des Lebens, unendlicher Friede und Liebe. Er umfasst alle drei Zustände und wird repräsentiert durch den Heiligen Ton „AUM". „A" entspricht dem Wachbewusstsein, „U" dem Traumbewusstsein und „M" dem Tiefschlaf. Auch die Amrithabindu-Upanishad empfiehlt, dass man das Mantra Aum wiederholt, bis es im Herzen widerklingt.

Kena Upanishad:

Das Selbst ist niemand anderes als du. Es macht die Zunge sprechen, aber kann nicht gesprochen werden. Es macht das Auge sehen, aber kann nicht gesehen werden. Es macht das Ohr hören, aber kann nicht gehört werden. Wenn man denkt „Ich kenne das Selbst", kennt man es nicht. Die Unwissenden denken, das Selbst könne durch den Intellekt erkannt werden, aber die Erleuchteten wissen, dass es jenseits der Dualität von Erkennendem und Erkanntem liegt. Es wird in einem höheren Bewusstseinszustand realisiert, wenn man die falsche Identifikation mit dem Körper aufgegeben hat.

DIE FÜNF HÜLLEN

Die fünf Hüllen (Koshas), die die wahre Realität verbergen, sind auch Realität, insofern sich die wahre Realität in ihnen darstellt und objektiviert. Die wahre Realität ist reines Bewusstsein, der „Wissende", aber dieser ist auch der „Fühlende, Liebende, Selige". Er ist das, was *absolut* existiert (sat). Er ist Bewusstsein (chit). Er ist Liebe und Freude (ananda): sat-chit-ananda.

Die fünf Hüllen sind der physische Körper (der „Nahrungs-Körper"); die Lebenskraft („Prana"); die Identität oder Person; der Intellekt; und die Freude oder Seligkeit.

Die fünf Hüllen sind nur eine feinere Unterteilung der drei Körper (wie in *Eine Neue Aufklärung* dargestellt) und zwar wird hier der feinstoffliche Körper (oder „Astralkörper") unterteilt in Lebensenergie (Prana), in die niederen Verstandestätigkeiten, die mit der persönlichen Identität zu tun haben, (Ahamkara), und in die höheren, intuitiven Erkenntniskräfte (Buddhi).

Die äußerste Hülle ist der physische Körper (Annamaya Kosha). Dann folgt die „Energiehülle", die mit dem Atem, der Lebenskraft und den Chakras assoziiert ist (Pranamaya Kosha). Dann folgt die geistige und emotionale Hülle (Manomaya Kosha), in der Emotionen, Eindrücke, Neigungen, Wünsche, aber auch Sinneswahrnehmungen eine Rolle spielen. Die „Intellekt-Hülle" (Vijnanamaya Kosha) ist unterteilt in Buddhi und Ahamkara. Die innere Hülle ist Anandamaya Kosha, die Hülle der Freude.

An dieser Lehre von den fünf Hüllen kann man zwar manches aussetzen, beispielsweise ob es Sinn macht, Intellekt und persönlichen Verstand zu unterscheiden oder ob diese wirklich näher am wahren Selbst liegen, als die Lebenskraft und die Energie. Dennoch gibt ihre Hierarchie ein einzigartiges Bild von der Vielschichtigkeit des Menschen.

Die geistigen Kräfte oder Verstandeskräfte werden im Hinduismus mit verschiedenen Begriffen beschrieben, die nicht immer leicht zu unterscheiden sind. „Chitta" scheint eher die emotionale Seite des Verstandes zu beschreiben, „Manas" die, die sich mit abstrakten Konzepten befasst, und „Vijnana" (oder „Vinnana") die höhere Erkenntnis, die Erkenntnis Gottes und des Absoluten.

Die fünf Hüllen oder Koshas werden auch als „Fahrzeuge" gesehen. Das heißt, ein wesentlicher Punkt des Yoga-Weges besteht darin, dass man davon ausgeht, dass alle Fahrzeuge in gutem harmonischen Zustand sein müssen, um das Höchste, das wir eigentlich sind und das immer da ist, zu erreichen. Dies ist nicht ganz falsch, denn tatsächlich ist es schwieriger, es zu erreichen, wenn man beispielsweise krank ist, unter starken Schmerzen leidet usw. Dennoch ist dieser indirekte Weg des Yoga für viele Menschen ein unnötiger Umweg, bei dem sie jahrelang bei irgendwelchen Vorbereitungen hängen bleiben und mit der Selbsterforschung nicht wirklich „Ernst machen". Unser tiefstes Wesen ist immer da und daher auch immer erreichbar. Dennoch sollte man den „progressiven" Weg durchaus nicht vernachlässigen, denn man muss sich – als inkarniertes Wesen - ohnehin um alle Ebenen kümmern.

Um die wahre Wirklichkeit zu sein, muss man sich vom Körper trennen und entspannt im Bewusstsein verweilen. Alle Wesen werden vom „Selbst", welches dein wahres Selbst ist, geschaffen. Durch Nachdenken und Betrachten kann man alle Unwahrheiten zurückweisen und was bleibt, ist reines Bewusstsein, dein wahres Selbst.

Ich bin die „Verkörperung des Bewusstseins", das ganze Universum. Es gibt keine von mir getrennte Zukunft oder Vergangenheit. Das reine Bewusstsein, Brahman, ist unteilbar und unveränderlich. Es gibt weder mich noch irgendein anderes Ding. Nur Brahman existiert stets und überall, voller Seligkeit. Durch die Ansammlung von Körper und Sinnen entsteht die Idee „Ich bin dies". Dies ist „Jiva" oder das Ego, welches durch den Schmutz der Unwissenheit befleckt ist. Aber wenn die Überzeugung, dass alles in Raum und Zeit nur das alles durchdringende Bewusstsein ist, gefestigt ist, endet Jiva, wie eine Lampe ohne Öl. Das Ego oder Jiva ist wie ein Kind, das sich selbst Einbildungen schafft. Es schafft durch seine Verblendung den unwirklichen Körper und der Körper ist nur etwas dem wahren Selbst „Übergestülptes". Wie ein Kind, das mit einem Tonelefanten spielt, hält man den Tonelefanten für einen wirklichen Elefanten. Man hält das Bild also für das Wirkliche.

So wie unterschiedliche Schmuckstücke alle aus Gold bestehen, nimmt auch das Selbst viele Formen an, bleibt aber in Wahrheit eins, so wie Gold immer eins ist. Bewusstsein ist Brahman. Die Welt ist Brahman. Die verschiedenen Elemente sind Brahman. Ich bin Brahman. Mein Feind ist Brahman. Meine Freunde und Verwandten sind Brahman, Bewusstsein.

Die Objekte des Bewusstseins und alles andere sind das Selbst. Es gibt nur Bewusstsein. Das Universum ist nichts als Bewusstsein. Du bist Bewusstsein. Ich bin Bewusstsein. Die Welten sind Bewusstsein. Das was existiert und das was erkannt wird, ist alles das Selbst. Alles, was scheinbar als etwas anderes als das Selbst erkannt wird, existiert nicht wirklich. Bewusstsein ist nicht dualistisch. Ideen vom Erkennenden und Erkannten sind müßige Postulate. Dies entspricht dem, was Rupert Spira so beschreibt, dass er sagt, dass *mind* und *matter* die beiden Teile einer sekundären Wirklichkeit sind, dass aber jenseits dieser dualistischen Realität die nicht-dualistische Realität des Bewusstseins existiert, die die einzig wahre Realität ist. In der Tat ist das Aufgeben der Vorstellung von Erkennendem und Erkanntem und das Verbleiben im Bewusstsein, so wie es ist (denn es ist ein organisches Ganzes) bereits das Überwinden der Dualität.

Brahman und der Raum sind sich insofern gleich, als sie unteilbar sind, alles durchdringen und unzerstörbar sind. Aber Brahman ist auch Bewusstsein. Diese Wahrheit erkannt zu haben, enthebt einen aber nicht der Notwendigkeit der Meditation. Brahman wird als der Urgrund, das Potential der Realität definiert. Dies zu beschreiben werden zwei Beispiele verwendet: In einem Steinblock, aus dem eine Statue geschaffen wird, ist die Statue gewissermaßen schon vorhanden. Ebenso ist die Welt im formlosen Brahman gewissermaßen schon da. Die Form (Statue) kann nicht ohne die Substanz (Stein) existieren. Der Stein wird sich als Statue bewusst, existiert aber gewissermaßen auch ohne sie. Da ein vollkommen stiller See das Potenzial hat, sich als Wellen zu kräuseln, kann man sagen, dass die Wellen schon in ihm sind. Aber man kann ebenso gut sagen, dass sie nicht in ihm sind. Daher kann Brahman sagen: „Die Welt ist in mir und sie ist nicht in mir." Brahman ist weder Leere noch Existenz. Es scheint unmöglich zu sein, über das Verhältnis von primärer und sekundärer Realität etwas Wahres zu sagen, ohne sich paradox auszudrücken.

Folgendes sagt die Yoga Vasishta Sara über Maya. Dem Unwissenden erscheinen die Dinge der Welt als getrennte Objekte, aber vom absoluten Standpunkt ist die objektive Welt das Subjekt, das Selbst. Sie ist nicht getrennt vom Selbst. Wer das Gold nicht kennt, sieht nur das Geschmeide. Er versteht nicht, dass es nur Gold ist. Maya bringt Freude durch seine eigene Zerstörung. Seine Natur ist unergründlich, aber es hört auf zu existieren während es noch betrachtet wird. Was immer gesehen wird, exis-

tiert nicht wirklich. Die Schöpfung ist ein bloßes Spiel des Bewusstseins, welches durch Wissen vergeht. Das magische Schauspiel der Welt ist nur möglich durch das, was sich freiwillig alles
mit Leichtigkeit vorstellen kann und dieses projiziert. Wie Wol-
ken am Himmel, die auftauchen und verschwinden, entsteht das
gesamte Universum im Selbst und löst sich in ihm auf. Das Universum kann aber nicht verschieden vom Selbst sein. Es entsteht
aus ihm, so wie ein Topf aus Lehm, Wellen aus Wasser und
Schmuck aus Gold. Aber letztlich kehren Topf, Wellen und
Schmuck wieder zu ihrer Substanz zurück und alles, was aus dem
Selbst entstanden ist, kehrt in das Selbst zurück. Hier muss folgende Frage erlaubt sein: Ist dieses Entstehen, Erhalten und
Vergehen ein einmaliger Prozess oder eine dauernde Wellenbe-
wegung? Und wenn es letzteres ist, ist es dann nicht so etwas wie
ein hermeneutischer Zirkel, indem man zwar denselben immer
wieder durchläuft, aber sich doch in einem Prozess der Verfeine-
rung und Entwicklung befindet?

DIE SAMKHYA-PHILOSOPHIE

Das oberste Wesen wird in der Samkhya-Philosophie „Purusha"
genannt. Es entspricht Brahman im Vedanta. Samkhya ist dua-
listischer ausgerichtet als Advaita. Der Geist ist „Purusha"; die
Urmaterie oder Natur ist „Prakriti". Der Mensch ist seiner wahren Natur nach Purusha, aber er hält Aspekte der Prakriti-Sphäre
für sein eigenes Wesen und verstrickt sich in Leiden, sobald die
drei „Gunas" (Eigenschaften) nicht mehr im Gleichgewicht sind.
Die Gunas sind: Sattva (das Seiende, Reinheit, Klarheit), Rajas
(Bewegung, Energie, Leidenschaft) und Tamas (Trägheit, Fins-
ternis, Schwere). Purusha ist jenseits von Raum, Zeit und Kausalität, ewig rein und frei. Da aber Prakriti ebenso real ist wie
Purusha muss es *eine unendliche Anzahl Purushas* geben, auch
weil die Menschen einzeln erlöst werden.

Das Universum ist die Reflexion Gottes auf dem Bildschirm der
Maya. Durch Maya erscheint Gott als großes, geheimnisvolles
und sich stets änderndes Phänomen. Das ist die Zauberei der

Maya. Wenn man die Schöpfung als „Illusion" bezeichnet, kann das bedeuten, dass sie ein „Irrtum" ist, es kann aber auch bedeuten, dass sie nur sekundäre Realität hat, was sicherlich richtig ist. Gott hat die Welt nicht in der Vergangenheit erschaffen, sondern die schaffende Energie ist immer da. Gott schafft ewig. Ohne dieses würde die Schöpfung oder Projektion sofort verschwinden. Je nachdem, von welchem Standpunkt aus man die Schöpfung betrachtet, kann man sie entweder als „Schöpfung" bezeichnen und sagen „Sie ist so real wie der Schöpfer"; man kann sie als „Projektion" bezeichnen und sagen „Sie ist ein Bild des Schöpfers"; oder aber man kann sie als „Illusion" bezeichnen und sagen „Sie ist eine Ablenkung und eine Verzerrung der Realität".

Purusha bleibt seinem Wesen nach ebenso wie Brahman stets unbeteiligter Zuschauer oder Zeuge. Er löst die Schöpfung durch seine bloße Gegenwart aus. Die Begriffe Wirkung und Ursache machen hier keinen Sinn, denn aus dem Ersten kann kein völlig anderes Zweites entstehen, sondern in dem Ersten ist das Zweite schon immanent. Die Wirkung, die Welt, ist in der Ursache schon immanent. Dann kann man nicht von Wirkung und Ursache sprechen. Wenn Käse aus Milch entsteht, dann ist Käse nichts grundsätzlich anderes. Käse kann nicht aus Stein entstehen. Im Samkhya geht es nur um die richtige Unterscheidung der Wirklichkeitsebenen (Purusha und Prakriti), nicht wie im Advaita Vedanta darum, Prakriti als gänzlich illusorisch zu erkennen.

Schon Schopenhauer erkannte in den *Parerga und Paralipomena,* dass der absolute Dualismus von Prakriti und Purusha ein Irrtum ist. Dennoch stellt die Samkhya-Philosophie aufgrund ihrer Konzepte (z.B. die Wichtigkeit der Unterscheidung der Ebenen, die Möglichkeit, dass es viele „Purushas" gibt) eine wertvolle Ergänzung zum Advaita Vedanta dar.

WESTLICHE MYSTIKER, BESONDERS MEISTER ECKHART

Dass das, was die indischen Mystiker vor Tausenden von Jahren bereits erkundet und beschrieben haben, ganz unabhängig von einem spezifischen kulturellen oder spirituellen Kontext ist, zeigen nicht nur Eckhart Tolle und zahllose andere Menschen im Westen, die sich zum Zeitpunkt ihrer „Erleuchtung" noch nicht mit indischer Philosophie befasst hatten, sondern auch das folgende Zitat von Henry David Thoreau aus *Walden* (chapter 5): „I only know myself as a human entity; the scene, so to speak, of thoughts and affections; and am sensible of a certain doubleness by which I can stand as remote from myself as from another. However intense my experience, I am conscious of the presence and criticism of a part of me, which, as it were, is not a part of me, but spectator, sharing no experience but taking note of it; and that is no more I than it is you. When the play, it may be the tragedy, of life is over, the spectator goes his way. It was a kind of fiction, a work of the imagination only, so far as he was concerned. This doubleness may make us poor neighbors and friends sometimes."

„And the dawns and sunrises and sundowns of these mountain days, - the rose light creeping higher among the stars, changing to daffodil yellow, the level beams bursting forth, streaming across the ridges, touching pine after pine, awakening and warming all the mighty host to do gladly their shining day's work. The great sun-gold noons, the alabaster cloud-mountains, the landscape beaming with consciousness like the face of a god. The sunsets, when the trees stood hushed awaiting their good-night blessings. Divine, enduring, unwastable wealth." John Muir, aus dessen *My First Summer in the Sierra* dieses Zitat stammt, spürte, dass es keine Grenze gibt für das Bewusstsein. Wenn man die Natur empfindet, merkt man, dass alles in ihr von Bewusstsein durchdrungen ist. Die symbolische Sprache der Natur drückt ja auch aus, dass es keinen scharfen Übergang gibt. Vom Mensch zum Tier und zur Pflanze nimmt das Bewusstsein immer mehr ab; aber es hört nie auf. Leben und Bewusstsein ist in allem.

Joel Goldsmith ist ein wunderbarer spiritueller Lehrer, der so deutlich wie kaum jemand anderes zeigt, dass man mit christlichen Worten auch Advaita Vedanta lehren kann, ja dass diese Lehre eben nichts kulturell eingebundenes ist, sondern dass sie eine kulturübergreifende höhere Wahrheit ist. Die Worte sind unterschiedlich, aber der Inhalt ist exakt derselbe. Im Kapitel „Meditation und Selbsterforschung" stelle ich eine Meditation nach Joel Goldsmith vor, an der das hier Gesagte deutlich wird.

Joel Goldsmith erweitert den Begriff des „Ich und der Vater sind eins", indem er sagt „Alles was dem Vater gehört, gehört auch mir und der Ort, auf dem ich stehe, ist heiliger Boden". Oder auch: „Der Vater geht mir voraus und der Vater folgt mir nach." Joel Goldsmith gibt auch ein schönes Bild, um zu verdeutlichen, warum man durch Selbsterkenntnis sich mit jedem anderen Menschen vollkommen identisch fühlt: Ebenso wie, wenn man jemanden anruft, man erst durch die Zentrale geht und dadurch seine Einheit mit der „Zentrale" (also Gott) erkennt, erreicht man auch jedes andere Telefon (jeden Menschen). Aber es ist gar nicht möglich ein anderes Telefon zu erreichen (sich wirklich mit einem anderen Menschen zu identifizieren), wenn man sich nicht mit Gott identifiziert. Wenn man seine Einheit mit Gott nicht erkennt, kann man auch seine Einheit mit allem anderen nicht erkennen. Wir existieren als unteilbares Bewusstsein und deswegen ist alles, was wir benötigen, in diesem unendlichen Bewusstsein, das wir sind, bereits inbegriffen. Der „Vater" ist mein eigenes unendliches Bewusstsein.

Viele Äußerungen Meister Eckharts belegen, dass er Erleuchtung erlangt hatte. Er tut auch überaus tiefe Aussprüche über das Geheimnis der Einheit-in-der-Vielheit. Besonders bemerkenswert ist, dass die Lehre Meister Eckharts der Lehre der Upanishaden bis ins Detail entspricht, wenn man die Wortwahl Eckharts ihren hinduistischen Entsprechungen zuordnet. So ist „Gott" bei Meister Eckhart etwas Persönliches und entspricht „Ishvara". Die „Gottheit" ist etwas Unpersönliches und Bestimmungsloses und entspricht „Brahman". Der „Seelengrund" ist „Atman", denn seine Identität mit Brahman wird von Eckhart ebenso behauptet wie von den Vedanta-Lehrern. Die „Erleuchtung" nennt Eckhart „Durchbruch zur Gottheit" oder „Gottesgeburt im Seelengrund" und er beschreibt auch die „große Freude" und „unermessliche Wonne", die mit dieser Transformation einhergeht. Hier folgen nun einige Zitate, teils mit meinen Hervorhebungen:

„Wenn einer wähnt, er habe Gott erkannt - wenn er etwas erkannt hat, so hat er *etwas* erkannt und hat also nicht Gott erkannt."

„Nichts hindert die Seele so sehr an der Erkenntnis Gottes als Zeit und Raum. Zeit und Raum sind Stücke und Gott ist eins. Soll darum die Seele Gott erkennen, so muss sie ihn über der Zeit und über dem Raum erkennen; denn Gott ist weder dies noch das, wie diese Dinge der Mannigfaltigkeit; denn Gott ist eins."

„Wer in der Zeit sein Herz auf die Ewigkeit gestellt hat und in wem alle zeitlichen Dinge tot sind, da ist Vollendung der Zeit. Ich sprach einst: die freuen sich nicht allezeit, die sich freuen in der Zeit. Sankt Paulus spricht: »Freuet euch in Gott allezeit.« Der freuet sich allezeit, der sich da freut über Zeit und ohne Zeit. Drei Dinge hindern den Menschen, sodass er Gott in keiner Weise erkennen kann. Das erste ist Zeit, das zweite Körperlichkeit, das dritte Mannigfaltigkeit. Solange diese drei in mir sind, ist Gott nicht in mir und wirkt nicht eigenhaft in mir. Sankt Augustin sagt: es kommt von dem Geiz der Seele, dass sie viel begreifen und haben will, und sie greift in Zeit, in Körperlichkeit und in Mannigfaltigkeit und verliert damit eben das, was sie hat. Denn solange mehr und mehr in dir ist, kann Gott in dir niemals wohnen oder wirken. Diese Dinge müssen immer hinaus, wenn Gott hinein soll, *es sei denn, du hättest sie in einer höheren und besseren Weise, dass aus Menge eins geworden wäre.* Je mehr dann Mannigfaltigkeit in dir ist, um so mehr Einheit, denn das eine ist in das andere verwandelt. Ich sprach einst: Einheit eint alle Mannigfaltigkeit, aber Mannigfaltigkeit eint nicht Einheit. So wir überhoben werden über alle Dinge, und alles, was in uns ist, aufgehoben wird, so bedrückt uns nichts. Wäre ich rein gottmeinend, dass nichts über mir wäre als Gott, so wäre mir gar nichts schwer und ich würde nicht gar so bald betrübt."

„Wenn Gott dich bereit findet, so muss er wirken und sich in dich ergießen, ebenso wie wenn die Luft lauter und rein ist, die Sonne sich ergießen muss und sich dessen nicht enthalten kann."

„Das Wort, das Augustin spricht: Was der Mensch liebt, das ist der Mensch, ist folgendermaßen zu verstehen: Liebt er einen Stein, so ist er ein Stein, liebt er einen Menschen, so ist er ein Mensch, liebt er Gott – nun traue ich mich nicht weiter zu sprechen, denn sage ich, dass er dann Gott ist, so könntet ihr mich steinigen wollen."

„Dass Gott in Ruhe ist, das bringt alle Dinge zum Laufen. Etwas ist so lustvoll, das bringt alle Dinge zum Laufen, dass sie zurückkommen in das, von dem sie gekommen sind, und das doch unbeweglich in sich selber bleibt, und auf je höherer Stufe ein Ding ist, um so lustvoller läuft es."

„Ich überlegte mir heute Nacht, dass nur Gleiches aufeinander wirken kann. Ich kann kein Ding sehen, das mir nicht gleich ist, und ich kann kein Ding erkennen, das mir nicht gleich ist. Gott trägt alle Dinge verborgen in sich selbst, aber nicht in dies oder das unterschieden, sondern eins in Einheit. Das Auge hat auch Farbe in sich, das Auge empfängt die Farbe, und das Ohr nicht. Das Ohr empfängt das Getön und die Zunge den Geschmack. Es hat jedes das, mit dem es eins ist. Demnach hat das Bild der Seele und Gottes Bild ein Wesen: da wir Gottes Kinder sind. Und selbst wenn ich weder Augen noch Ohren hätte, so hätte ich doch noch das Wesen. Ich habe öfters gesagt: Die Schale muss zerbrechen, und was darinnen ist, muss herauskommen: Denn willst du den Kern haben, so musst du die Schale zerbrechen. Und wenn du daher die Natur nackt finden willst, so müssen die Gleichnisse alle zerbrechen, und je weiter man hineintritt, um so näher ist man dem Wesen."

„Gott macht, dass wir ihn selbst erkennen, und sein Wesen ist sein Erkennen, und es ist dasselbe, dass er mich erkennend macht, und dass ich erkenne, und darum ist sein Erkennen mein: wie das, was der Meister lehrt und der Schüler gelehrt wird, ein und dasselbe ist. Und wenn also sein Erkennen mein ist, und wenn seine Substanz sein Erkennen ist und seine Natur und sein Wesen, so folgt daraus, dass sein Wesen und seine Substanz und seine Natur mein ist. Und wenn also seine Substanz, sein Wesen und seine Natur mein ist, so bin ich der Sohn Gottes. Seht, Brüder, welche Liebe uns Gott geschenkt hat, dass wir Sohn Gottes heißen und sein eigen. Es ist von allen Namen frei und von allen Formen ganz los, ledig und frei, wie Gott in sich selbst ledig und frei ist. Es ist so ganz eins und einfach, wie Gott eins und einfach ist, dass man auf keine Weise es anschaulich machen kann."

„Von der Einheit der Dinge: Als ich heute hierherging, überlegte ich mir, wie ich euch so vernünftig predigen könnte, dass ihr mich wohl verstündet, und ich dachte mir ein Gleichnis aus. Wenn ihr das recht verstehen könntet, so verstündet ihr meinen Sinn und den Grund aller meiner Meinungen, den ich immer predigte. Es war aber das Gleichnis von meinen Augen und von dem Holze. Wenn mein Auge aufgetan wird, so ist es mein Auge. Ist es zu, so ist es dasselbe Auge, wegen des Sehens geht dem Holze weder etwas ab noch etwas zu. Nun merket recht auf. Geschieht aber das, dass mein Auge an sich selbst eins und einheitlich ist und aufgetan und auf das Holz geworfen wird mit einem Ansehen, so bleibt ein jegliches, was es ist, und doch werden sie in der Wirksamkeit des Ansehens wie eines, so dass man sagen kann: Auge-Holz, und das Holz ist mein Auge. Wäre aber das Holz ohne Materie und ganz geistig, wie das Gesicht meiner Augen, so könnte man in Wahrheit sagen, dass in der Wirksamkeit meines Gesichts das Holz und mein Auge aus einem Wesen bestehen. Ist dies wahr von körperlichen Dingen, viel mehr wahr ist es von geistigen Dingen."

„...denn liebst du Gott, wie er Gott ist, wie er Geist ist, wie er Person ist und wie er Bild ist, das muss alles hinab. »Wie soll ich ihn denn lieben?« Du sollst ihn lieben wie er ist: ein Nichtgott, ein Nichtgeist, eine Nichtperson, ein Nichtbild, sondern: wie er ein bloßes, pures, reines Eins ist, gesondert von aller Zweiheit, und in dem Einen sollen wir ewiglich versinken von Nichts zu Nichts. Das walte Gott. Amen."

ADVAITA VEDANTA UND DIE LEHRE CHRISTI

Bei allem Tiefsinn der Upanishaden, die zweifellos an die Grenzen des für Menschen Wissbaren gehen, sodass Schopenhauer ihre Autoren als nahezu übermenschlich erschienen, kann doch keine menschliche Philosophie das letzte Wort über die Realität bedeuten. Wie eine Taschenlampe in der Dunkelheit zeigen uns diese wunderbaren Schriften, welchen Schritt wir als nächstes gehen sollen und wo er uns hinführt. Und doch bleibt die Welt in ihrer Vielschichtigkeit und Komplexität letztlich etwas Magisches und Geheimnisvolles. In diesem Magischen, Geheimnisvollen ist eine mystische, offenbarte Welterklärung, wie die des Neuen Testaments, etwas Unverzichtbares und ergänzt die tiefe Philosophie der Upanishaden. Die Welt ist gewissermaßen ein Kunstwerk (etwas „Zwecklos-Wundervolles", niemals rational Erklärbares) und jede echte Welterklärung muss auch ein solches sein. Die Upanishaden bieten vor allem Erklärungen und Gedanken, wenn auch in poetischer Form, die Evangelien bieten vor allem Gleichnisse und Bilder (die Geburt, die Kreuzigung, die Auferstehung usw.). Bilder sind multivalent, sie funkeln wie ein Kristall, sie suggerieren kein endliches Wissen, was die Upanishaden vielleicht für manche Leser doch tun.

Die Upanishaden und das Neue Testament vermitteln die gleiche Weisheit, die Upanishaden in philosophischer Sprache, das Neue Testament in bildlicher Sprache. Die Upanishaden sind die tiefste Philosophie. Sie zergliedern die Realität mit philosophischen Mitteln. Das, was sie vermitteln, beruht auf tiefer Innenschau, auf Erfahrung. Das Neue Testament spricht in Bildern und damit weniger mit der Sprache des Verstandes und mehr mit der Sprache des Herzens. Wir sollten uns von beiden Quellen inspirieren lassen, denn so laufen wir weniger Gefahr, Bilder misszuverstehen oder in bloß abstrakter Philosophie stecken zu bleiben. Heute vergöttern wir oft die Ratio und vernachlässigen die Intuition und die Mystik.

Jesus lehrte Bhakti-Yoga (Hingabe und Liebe) aber er lehrte gewissermaßen auch Jnana-Yoga, die Lehre der Upanishaden, die Lehre von Atman und Brahman und ihrer Identität. „Ich und der Vater sind eins": Jesu Lehre ist in diesem Punkt vollkommen identisch mit der Vedanta-Philosophie.

An dieser Stelle möchte ich einige kurze Auszüge aus *Eine Neue Aufklärung* einfügen. Es sind Besprechungen von Textstellen aus dem Johannesevangelium, die vollkommen Sinn machen, wenn man sie so versteht, dass Jesus mit dem „Sohn" das wahre Wesen des Menschen, Atman, meint: „Jesus erklärt auch, dass die *Identifikation mit Materiellem* Unfreiheit bedeutet und dass nur das Leben im Geist den Menschen Freiheit bringt. Johannes, Kapitel 8, Vers 34 fortfolgende: „Wahrlich, wahrlich, ich sage euch: Jeder, der die Sünde tut, ist der Sünde Knecht. Der Knecht aber bleibt nicht für immer im Hause; der Sohn bleibt für immer. Wenn nun der Sohn euch frei machen wird, so werdet ihr wirklich frei sein." Dass die Erkenntnis der eigenen inneren Göttlichkeit keine Hybris ist, sondern das Ziel der spirituellen Entwicklung, wird in seinen Worten an die Pharisäer deutlich, die von ihm erwarten, Gott weiter als etwas Äußeres anzubeten. Kapitel 10, Vers 34: „Steht nicht in eurem Gesetz geschrieben *Ich habe gesagt: Ihr seid Götter?*" Wenn Jesus Worte wie „Ich bin die Tür; wer durch mich hineingeht, wird gerettet werden" oder „Ich habe Macht es (mein Leben) hinzugeben, und ich habe Macht es wieder zu nehmen" vom Ego-Standpunkt spräche, dann hätten die Pharisäer Recht mit ihrem „Er ist von einem Dämon besessen und redet im Wahn". Aber hier spricht keine Person, hier spricht das wahre Selbst des Menschen, „Atman". Nur so ergeben Jesu Worte Sinn. Auch der Begriff „ewiges Leben" wird von Jesus ganz neu definiert: Das ewige Leben ist das Leben außerhalb der Zeit, das sich in der Gottesschau erfüllt (Kapitel 17, Vers 3: „Dies aber ist das ewige Leben, dass sie dich, den allein wahren Gott und den du gesandt hast, Jesum Christum, erkennen.") Hierzu passt auch Kapitel 6, Vers 47: „Wer an mich glaubt, der hat das ewige Leben": Wer in sich die Verbindung zu Gott findet und seine eigene göttliche Natur und daraus lebt und handelt, der hat das wahre Leben bei Gott, das geistige Leben, das in dem Sinne ewig ist, als es nicht in der Zeit ist und nicht an wechselnde materielle Formen gebunden ist." (Ende des Zitats)

Das apokryphe koptische Thomas-Evangelium, das im Unterschied zu den anderen Evangelien keine Geschichte erzählt, sondern ausschließlich die Lehren Jesu vermittelt, ist inhaltlich besonders nah an den Lehren der Upanishaden, denn viele Aussprüche lassen sich als Erklärung der Nicht-Dualität verstehen. In Vers 3 sagt Jesus: „Das Königreich ist in euch und außer euch. Wenn ihr euch selbst kennenlernt, werdet ihr erkannt werden und werdet verstehen, dass ihr die Söhne des Lebendigen Vaters seid." In Vers 22 heißt es: „Wenn ihr aus Zweien Eins macht, wenn ihr das Innere wie das Äußere macht und das Äußere wie das Innere, und das Obere wie das Untere (...) werdet ihr in das Königreich eintreten." Die materielle Welt wird oft als „Armut" bezeichnet. Etwa in Vers 29 wundert sich Jesus, dass „dieser große Reichtum" (der Geist) sein Zuhause in dieser „Armut" gemacht hat. Auch seine Worte in Vers 51 („Worauf ihr euch freut, ist bereits da, aber ihr erkennt es nicht") könnten von einem Lehrer des Advaita Vedanta stammen.

Das Thomas-Evangelium enthält auch ein schönes buddhistisch anmutendes Gleichnis Jesu zur Erklärung des Reiches Gottes, in dem er von einer Frau spricht, die einen Krug mit Mehl nach Hause trägt, aus dem, ohne dass sie es merkt, das ganze Mehl herausrieselt, worauf sie zu Hause feststellt, dass der Krug leer ist. Wer feststellt, dass die Realität „leer" ist, dass ihre Formen nicht wirklich sind, ist zuhause angekommen, ist heimgekehrt, wie der verlorene Sohn. Insgesamt aber muss man sagen, dass die apokryphen Schriften gegenüber den kanonischen wenig Neues bieten und auch viel Firlefanz enthalten, sodass die Kirchenväter durchaus eine recht kluge Auswahl getroffen haben. Dennoch gibt es manche Perle, etwa die folgende: In einem Gleichnis des Philip-Evangeliums wird das irdische Leben mit dem Winter verglichen. Im Winter gilt es zu säen, sodass man im Sommer, in der anderen Welt, ernten kann.

Im Philip-Evangelium wird auch die Tatsache beklagt, dass das Benutzen irdischer Worte für geistige Verhältnisse (Selbst, Gott, der Vater, der Sohn, der Heilige Geist, das Leben, das Licht, die Auferstehung usw.) oft zu Missverständnissen führt. Dennoch, so wird gesagt, habe die Wahrheit für uns Namen geschaffen, denn ohne Namen können wir die Wahrheit nicht kennen. Die Wahrheit ist ein einzelnes Ding und viele Dinge. Durch die Vielheit sollen wir das Eine lieben lernen. Eine sehr merkwürdige Stelle ist Vers 12 des Philip-Evangeliums, wo gesagt wird, dass es in der Welt ein Tabu ist, wenn sich der Sohn den Namen des Vaters gibt; aber, so sagt Philip, wenn der Sohn sich nicht den Namen des Vaters gibt (den der Vater ihm gegeben hat), wird er nicht zum Vater. Die, die diesen Namen haben, wissen es auch, aber sie sagen es nicht. Dies entspricht Jesu Auseinandersetzung mit den Pharisäern darüber, dass er sich Gott gleichstellt (vgl. das Zitat aus Johannes, 10:34 oben). In Vers 20 des Philip-Evangeliums heißt es, dass der Christus in sich alles enthält: Mensch, Engel, das „Geheimnis" und den Vater. In Vers 52 wird erklärt, dass man, um die Wahrheit zu finden, nirgendwo hingehen muss, sonst ist man wie der Esel, der 100 Meilen im Kreis läuft, um einen Mühlstein zu bewegen.

Im sogenannten Evangelium der Wahrheit findet sich der schöne Satz: „Sprich aus dem Herzen, dass du der vollkommene Tag bist und dass in dir das Licht wohnt, das nicht vergeht."

Warum brauchen wir auch Offenbarung? Jesus hat gesagt: „Wer mich gesehen hat, hat den Vater gesehen." Das macht keinen Sinn, es sei denn, man versteht es im Sinne einer gewissen Annäherung an das göttliche Wesen. Alternativ könnte man sagen: „Gott ist ohne Attribute." Ich bezweifle aber, dass diese Aussage spirituell besonders segenbringend ist und ich bezweifle auch, dass sie wahr ist, denn sie widerspricht auch ganz grundlegenden Aussagen von Menschen mit Nahtoderfahrungen, die von unbeschreiblicher Liebe sprechen. Hier sehen wir, wie sehr die Vedanta-Philosophie doch der Ergänzung bedarf. Aber beide Lehren zusammen, die (ur-)christliche und Vedanta, ergeben wirklich etwas Vollständiges.

EIN KRITISCHER BLICK AUF ADVAITA VEDANTA

Ein entscheidender Bereich im Advaita Vedanta ist die Frage nach der Realität der Welt und ihrer Phänomene. Was ist wie real? Es ist richtig, dass allein der Beobachter, das reine Bewusstsein, ganz außerhalb zeitlicher Veränderungen liegt. Ist nun aber deshalb auch alles, was zeitlichen Veränderungen unterworfen ist, einfach nicht existent? Das sicher nicht. Alles Lebendige in der Welt beruht auf einem ewigen Urbild und entfaltet sich in der Zeit. Der physische Körper entsteht und entfaltet sich und vergeht; aber er beruht auf einem nicht-physischen Urbild. Dieses bleibt. Hinter materiellen Phänomenen stehen ihre geistigen Urbilder. Diese haben einen ganz anderen Grad von Realität als ihre physischen Manifestationen. Nahtoderfahrungen berichten, dass auch in der anderen Welt Sinneseindrücke existieren, aber in höherer Intensität. Dies kann uns als Beispiel dafür gelten, dass den materiellen Sinnen (sehen, hören, riechen, schmecken, fühlen) auch ein nicht-materielles Urbild entspricht. Advaita Vedanta-Lehren sind falsch, wenn sie die Realität dieser Urbilder, dieser geistigen Schöpfungen, negieren. Es stimmt zwar, dass die tiefste, ultimative Realität das Bewusstsein ist; aber das Bewusstsein ist, wie schon in *Eine Neue Aufklärung* gesagt, nicht bloß passiv-wahrnehmend, sondern auch schöpferisch. Das Ziel des Vedanta ist es, dass sich das Bewusstsein seiner selbst und seines Wesens (Freude, Liebe, Kreativität, Freiheit usw.) bewusst wird. Daher ist das oft verwendete Bild des Spiegels, der unberührt bleibt, auch irreführend, denn es suggeriert bloße Passivität und das ist kein adäquates Analogon für das Bewusstsein.

Sofern sie immanent bleibt, ist die Advaita Vedanta-Philosophie überaus scharfsinnig und tiefsinnig. Sobald sie aber über das Immanente hinausgeht, ist sie in vielen Bereichen irreführend.

Da laut Vedanta allein Brahman existiert und alles andere letztlich Illusion ist, wird auch behauptet, dass alle göttlichen Schöpfungen, die „geistigen Urbilder der Dinge", in Wahrheit nicht existieren und nur auf Täuschung und falscher Interpretation durch den begrenzten Verstand beruhen. Denn in dem vereinfachten Weltbild *soll* es keine Abstufungen der Wirklichkeit und keine Hierarchien geben. Daher werden vollkommene Absurditäten behauptet, wie zum Beispiel, dass es eigentlich gar keine „Rose" oder gar kein „Pferd" gibt, da die Realität nie wirklich unseren Konzepten entspricht und man nicht sagen kann, wo das „Pferd" aufhört und das „Pony" anfängt. Aber auch wenn abstrakte Begriffe natürlich die Welt nicht adäquat abbilden, so heißt das doch nicht, dass das, was manche dieser Begriffe bezeichnen, nur *weil* wir es mit Begriffen bezeichnen, deswegen schon eine Illusion ist.

Selbsterforschung als einzige philosophische Erkenntnisquelle kann zu verkürzten Konzepten führen, beispielsweise wenn man postuliert, dass alles, was sich ändert, nicht real ist und nur das Unveränderliche real ist. Dann führt die Selbstbeobachtung alsbald dazu, dass man das Bewusstsein als solches als einzig Reales wahrnimmt, da der gesamte Inhalt des Bewusstseins sich in einem ständigen Prozess der Veränderung befindet. Wenn man aber die „Welt", die Natur der äußeren Dinge, *auslegt und interpretiert*, dann zeigt sich, dass im niemals stillstehenden Strom des materiellen Wechsels sich geistige Ideen manifestieren, denen dieser rasende Wechsel *nicht* inhärent ist. Um einige plakative Beispiele zu geben: die Idee eines Vogels, eines Baumes, eines Menschen, die Idee des Wassers, die Idee des Lichtes usw. Es ist offensichtlich, dass sich diese Ideen im Raum als Vielheit und in der Zeit als entstehend und vergehend manifestieren, aber einem Bewusstsein, das Jahrtausende mit einem Blick umfasst, würde dieses Entstehen und Vergehen von Generationen von Menschen oder Tieren nur wie eine Vibration erscheinen, so wie man in einem Film nicht mehr die Einzelbilder sieht. Es ist ein logischer Kurzschluss, die offensichtliche ständige Veränderung materieller Manifestationen auf die hinter diesen stehenden geistigen Urbilder zu übertragen, nur weil wir diese geistigen Urbilder als Menschen in unserer Innenschau nicht wahrnehmen können.

Viele Aussagen des Advaita Vedanta können philosophisch irreführen, beispielsweise der Satz: „Es gibt keine getrennten Individuen." Letztlich sind die Individuen zwar nicht getrennt, aber zu sagen, es gäbe gar keine Individuen, ist dasselbe, wie zu sagen: Es existiert keine Maya oder Lila, was wiederum bedeutet: Brahman erscheint sich nicht selbst in der Vielheit. Und das ist falsch, eine unzulässige Vereinfachung, die viele irreführen kann.

Advaita Vedanta ist eine überaus hilfreiche Methode, wenn es darum geht, sich von materiellen Identifikationen zu lösen und so zum wahren Sein, zum Selbst durchzudringen, aber Advaita Vedanta bietet keine realistische Kosmologie. Es ist eine sehr tiefsinnige, aber dennoch vereinfachende Welterklärung. Es besteht eine Verwandtschaft zwischen Advaita Vedanta und Buddhismus, wobei dieser, vor allem der Zen-Buddhismus, statt eine vereinfachende Welterklärung zu geben, lieber ganz darauf verzichtet, bestimmte Fragen zu beantworten.

Der Buddhismus, der Zen-Buddhismus und die großen Lehrer des Advaita Vedanta sind für unsere Entwicklung überaus hilfreich. Und doch ist die Einstellung vieler ihrer Schüler ihnen gegenüber (nämlich: dieser Mensch ist „erleuchtet", weiß alles und kann mir auf alles letzte Antworten geben) eine ganz falsche, denn jenseits des spirituellen Entwicklungsstandes dieser Menschen liegt immer noch sehr, sehr viel, wie Jesus, Yogananda, Bruno Gröning und andere gezeigt haben. Lehrer wie Eckhart Tolle und Rupert Spira, die, in aller Regel, dadurch dass sie nur über das sprechen, was sie wirklich wissen und kennen, sehr zuverlässig sind, werden bisweilen durch ihre „Anhänger" oder Schüler, die ihnen Fragen stellen, die über das hinausgehen, was für sie wissbar ist, in eine Situation gedrängt, in der sie von ihrem Standpunkt aus metaphysische Fragen beantworten, wobei sie dann bei ihren Antworten zu kurz greifen und - trotz aller gut gemeinten Aufrichtigkeit - irreführend sein können. Wenn z.B. Francis Lucille sagt, dass im Traumzustand das persönliche Ich ein anderes als im Wachzustand ist und lediglich der „Zuschauer", das wahre Selbst, derselbe ist, ist er offensichtlich im Irrtum. Jeder Mensch weiß, dass alle möglichen Emotionen, die ja der „Person" angehören, z.b. Ärger über jemand anderen, plötzlich in Träumen wieder auftauchen. Ein weiteres Beispiel ist Eckhart Tolles Interpretation des Lichtes bei Nahtoderlebnissen (in *The Power of Now*). Eckhart Tolle sagt, das strahlende Licht sei ein Portal, ein Tor, das sich nur kurz öffnet, und viele Menschen sehen das Portal, wenden sich vor Angst ab und verlieren dann ihr Bewusstsein. Dann folgt automatisch eine weitere Runde von Leben und Tod. Bei mangelnder Gegenwärtigkeit können Sie kein Bewusstsein jenseits des Todes erlangen. Tolle versucht hier seine immanente Erklärungsweise auf Nahtoderlebnisse auszudehnen und greift zu kurz. Wer sich nur einigermaßen intensiv mit Nahtoderfahrungen beschäftigt hat, weiß, dass man auf der anderen Seite Verwandte und geistige Helfer trifft, dass also die Seelen sich dort eine gewisse Zeit aufhalten und sich dessen natürlich auch bewusst sind. Philosophisch sind diese Lehrer fehlbar und werden von ihren Anhängern oft falsch eingeschätzt. Sie sind spirituelle „Impulsgeber", aber Philosophen sind sie, wenn überhaupt, nur in zweiter Linie.

Man muss zwei grundsätzliche Konzepte verstanden haben, sonst bleibt alles konzeptuelle Denken oberflächlich und falsch: das eine ist der Gedanke der Einheit-in-der-Vielheit, das andere ist die Fähigkeit, zwischen Polarität und Dualität zu unterscheiden. Wie in *Eine Neue Aufklärung* schon festgestellt wurde, ist die Realität eine Polarität. Advaita Vedanta und nichtdualistische Lehren haben recht, wenn sie sagen, dass es keinen Dualismus gibt. Wenn sie aber die *Polarität* alles Seienden bestreiten, liegen sie vollkommen falsch, denn es gibt im Wesen der Dinge zwar keine *Dualität* und alles ist eins, aber es gibt eine *Polarität* von Einheit und Vielheit. Eine „Dualität" oder ein „Dualismus" sind zwei gleichwertige, unabhängig voneinander existierende Gegensätze, die einander ausschließen. „Die einander ausschließen" bedeutet, dass man entweder, logisch betrachtet, nur einem der beiden Realität zubilligt und die Existenz des anderen negiert, oder, psychologisch betrachtet, dass man nur zu einem der beiden „ja" sagt und den anderen ablehnt. „Polarität" hingegen bedeutet zwei sich *nicht* widersprechende Gegensätze, die gemeinsam ein Ganzes bilden, wobei einer dieser Gegensätze der primäre, übergeordnete ist und der andere der sekundäre, untergeordnete. Aber beide sind real und keiner wird „abgelehnt", sondern man ist sich lediglich ihrer Hierarchie bewusst. In der Polarität von Einheit und Vielheit ist der primäre Widerpart die Einheit, der sekundäre die Vielheit.

Für eine Lehre bin ich Armin Risi, der auch manche seltsame Ansicht vertritt, ewig dankbar: nämlich für das Erklären der zwei Arten der Zweiheit, Polarität und Dualität. Ich denke, dass keine wirklich tiefsinnige oder auch nur adäquate Welterklärung möglich ist, ohne das Verständnis dieser zwei Arten der Zweiheit. Das große Missverständnis des Advaita Vedanta besteht eben darin, dass man die Erkenntnis der Nicht-Dualität alles Existierenden im Sinne einer nicht vorhandenen Polarität auslegt. Polarität, die Gegensätze, die sich ergänzen und ein Ganzes bilden, ist die Grundlage allen Seins. Der Begriff der „Einheit" macht keinen Sinn, ohne den Begriff der „Vielheit". Nur dadurch, dass es Vielheit gibt, ist das tiefe Gefühl der Einheit-in-der-Vielheit möglich, nur dadurch ist auch Liebe möglich. Freude, Seligkeit, Sein: Nichts gäbe es, ohne das Eine, das Viele wird und doch Eines bleibt.

Die letzte formulierbare Wahrheit ist ein „Sowohl-als-Auch": sowohl Einheit, als auch Vielheit. Zu sagen, es gibt nur Einheit, aber keine Vielheit, ist eben *keine* nicht-dualistische Lehre, weil sie die Konzepte von Einheit und Vielheit dualistisch versteht, so als würden sie einander ausschließen. Das tun sie aber nicht. Die Kritik eines monistischen Weltbildes, hinter dem ein dualistisches als versteckte Grundlage steckt, habe ich schon in *Eine Neue Aufklärung* formuliert. Auch die Erleuchtung, auch die tiefe Erfahrung des Einsseins, ist etwas, das auf der Grundlage der Polarität Einheit-Vielheit stattfindet. Ohne diese Polarität würde Erleuchtung keinen Sinn machen und wäre nicht möglich. Freilich wären auch Illusion, Verblendung und Trennung nicht möglich ohne diese Polarität.

Dass die Realität, wie schon in *Eine Neue Aufklärung* gesagt, eine Polarität und nicht eine Dualität ist, bedeutet auch, dass die Unterscheidung des Advaita Vedanta „entweder real oder nicht real", die eine dualistische Unterscheidung ist, eine falsche ist, die allenfalls „pädagogisch", aber nicht philosophisch Sinn macht. Die korrekte Unterscheidung wäre „mehr oder weniger real" im Sinne von „ewig gleich (statisch) oder veränderlich (dynamisch)", also im Sinne von zwei sich ergänzenden Polen, aber nicht im Sinne von zwei sich ausschließenden Gegensätzen. Das bedeutet, Advaita Vedanta hat insofern recht, als die letzte Realität, auf der alles beruht, das reine unmanifeste Bewusstsein ist. Dieses Bewusstsein ist wie das leere Blatt, auf das alles geschrieben wird, aber dieses Blatt ist weder ewig leer, noch ewig voll, sondern merkwürdigerweise beides zugleich. Das, was sich auf ihm darstellt, ist nicht zufällig, sondern folgt Gesetzen, die in dem Unmanifesten bereits vorhanden sind. Die Formen des Manifesten, des Geschaffenen, sind auch im Unmanifesten schon da. Unendliche Kreativität, Fülle, Ordnung und Harmonie sind das Wesen dieses Bewusstseins oder Geistes, der zugleich immer „leer" und „nicht-viele", also Einheit, bleibt.

Advaita Vedanta ist neben Zen-Meditation einer der besten Wege zur Erkenntnis seines wahren Wesens, ein Weg zur Befreiung. Das Transzendente wird immanent, es verwirklicht sich im Hier und Jetzt. Das ist vielleicht das Höchste, was man im irdischen Kontext erreichen kann. Von diesem Standpunkt aus lassen sich viele tiefe Fragen richtig und zuverlässig beantworten - aber nicht die Fragen zu allem, was jenseits der irdischen Ebene liegt. Alle Antworten auf diese Fragen sind eine Form der Offenbarung und die Frage muss gestellt werden, ob Offenbarungen für Menschen auf der irdischen Ebene sinnvoll sind. Meine Antwort ist: Ja, sie sind es, denn sie offenbaren uns, dass wir uns selbst und unser irdisches Dasein in einem größeren Zusammenhang zu sehen haben, der für uns entweder gar nicht oder nur wie durch einen Nebelschleier zu erkennen ist. Auch Nahtoderfahrungen sind eine Form der Offenbarung, die nicht zufällig ist, sondern Teil eines größeren Planes.

DER WEG DES HERZENS: JESUS UND BHAKTI-YOGA

Wenn man „Gott" sagt, geht man den Weg des Bhakta, wenn man „das Selbst" sagt, geht man den Weg des Jnana.

Das Erfahren von Schönheit und Liebe sind zwei Arten der Hingabe an die Realität. Erkennen und Hingabe sind die zwei Seiten der spirituellen Medaille.

Wie arm wäre Spiritualität, wenn man sich nicht ganz dem Weg des Herzens hingeben und alles Wissen loslassen könnte. Wie wunderbar und befreiend ist die Demut, die im Loslassen des Wissens liegt. Und doch ist das Wissen selbst nichts Schlechtes, sondern nur die Identifikation mit ihm muss ganz aufgegeben werden.

Fast könnte man glauben, dass der Jnana in einem anderen Leben den Bhakti-Weg gehen muss und der Bhakta in einem anderen Leben den Jnana-Weg.

Wenn ein spiritueller Lehrer sich voll Empathie und Geduld um seine Schüler kümmert, dann praktiziert er Bhakti- und Karma-Yoga. Sadhguru hat einmal mit Tränen in den Augen gesagt, seine Hingabe (devotion) gelte den Menschen, seinen Zuhörern. Letztlich kann es keine Trennung zwischen den Yoga-Wegen geben. Schon der Begriff „Weg" sagt ja, dass es einfach nur bestimmte unterschiedliche Ansatzpunkte sind. Auch wenn Innen und Außen letztlich nicht getrennt sind, so gibt es in der Praxis doch einmal das nach außen gerichtete Bhakti und Karma und das nach innen gerichtete Jnana und Raja, die ein Gleichgewicht bilden.

„Bhakti-Yoga" bedeutet Hingabe und Liebe, zu Gott, zu einem Meister, zu allen Wesen. Jesus, der sein Leben für seine Freunde hingab, ist ein beispielhafter Meister der Hingabe, und er ist auch jemand, dem sich der Bhakta innerlich hingeben kann, und sei es als „Vorstufe" zur Hingabe an Gott, an den unmanifesten

Geist. Jesus hat Liebe und Hingabe in Vollendung vorgelebt, es gibt kein anschaulicheres Beispiel für bedingungslose Liebe als ihn.

Francis Lucille antwortet auf die Frage, ob man den Weg des Herzens bereits gehen kann, bevor man den Verstand an seine Grenzen geführt hat, dass dies absolut möglich sei. Man kann also beide Wege gleichzeitig gehen: Mit der Methode des Advaita Vedanta die „Interpretations-Gebäude" des Verstandes in sich zusammenfallen lassen und den Weg der Hingabe und Liebe, Bhakti, gehen, der einen ganz anderen Zugang zur Realität eröffnet als der Weg der Erkenntnis, Jnana.

Auch der Weg des Herzens ist ein direkter Weg, denn er erkennt unmittelbar an, dass die Welt eine „magische" Welt ist: nichts Objektives, Feststehendes, sondern etwas Geschaffenes und Beeinflussbares.

Bei Francis Lucilles wunderbarer Beschreibung der Meditation wird auch deutlich, warum beide Wege miteinander in Verbindung stehen, denn er sagt, Meditation sei etwas sehr einfaches und bestünde nur darin, dass man den Verstand, den Körper und die Welt in jedem Moment *loslässt* und an die Stille, die Präsenz, in der sie erscheinen, abgibt. Aber *Loslassen* erfordert Vertrauen und Liebe (Bhakti).

Jesus lehrt an vielen Stellen Advaita-Vedanta in mystischen Worten, aber er ist auch ein Meister auf dem Bhakti-Weg. Warum ist Jesus ein Vorbild, das dem Bhakta als Orientierung, als Leitstern und als inneres Bild helfen kann? Weil er durch seine „Werke" ein Beispiel gibt und weil sein Charakter und seine Taten über eine große symbolische und bildhafte Ausdruckskraft verfügen. Beispielhaft ließe sich folgendes anführen: Er wusch den Jüngern die Füße. Er wies niemanden ab. Er hatte Mitleid mit allen, die mit ihrem Leid zu ihm kamen. Er hatte Gefühle wie jeder Mensch, er empfand Traurigkeit. Er sagte, dass, wer sich selbst erhöht, erniedrigt werden wird. Er wollte nicht seinen eigenen Willen durchsetzen, sondern den Willen Gottes tun. Er wollte seine Aufgabe erfüllen, egal wie schwer sie war. Wenn sie schwer war, suchte er die Nähe Gottes im Gebet. Er grollte niemandem und verzieh allen, selbst denen, die auf seinen Untergang sannen und ihn schließlich kreuzigten. Er opferte sich (seinen Körper) für „seine Freunde". Er konnte zwar zornig sein, aber nicht darüber, dass man ihn persönlich verletzt hatte, sondern darüber, dass der Tempel entweiht wurde und Menschen nur ihrer materiellen Gier lebten. Weil er nicht als Person groß war, sondern als Christus, war er ganz von der göttlichen Kraft erfüllt, die sogar von ihm ausging, wenn jemand ihn nur berührte. Er hatte keinen festen Wohnort, „keinen Platz wo er sein Haupt hinlegen könnte" (was in mystischer Sprache auch heißen kann, dass er sich mit nichts Irdischem identifizierte). Alles war ihm eine Manifestation Gottes. Er hielt nichts fest und plante nichts, sondern vertraute darauf, dass jeder Tag für sich selbst sorgt, dass Gott für alles sorgt.

Vor allem aber ist Jesus der, der sich unter das Volk, unter die Ärmsten, unter die Ausgestoßenen mischt und sich derjenigen annimmt, derer sich niemand sonst annimmt. Der liebende, helfende, mitfühlende Jesus, der nicht verurteilende Jesus ist das, was als das stärkste Bild aus dem Neuen Testament auftaucht. Gleichzeitig ist er die vollkommene irdische Verkörperung der Herrlichkeit und Kraft Gottes, der nichts unmöglich ist. Schließlich scheint sich sogar sein Leichnam in Licht zu verwandeln, um uns die dreidimensionale Fotografie seiner selbst auf dem Turiner Leichentuch zu hinterlassen. Die Wunder, die er wirkte, sollen wie ein Licht in der Dunkelheit sein und tatsächlich haben sie durch die Jahrtausende den Menschen Mut und Hoffnung gegeben.

Wenn wir an Jesus denken, der es gewiss nicht nötig hatte, auf die Erde zu kommen, um zu lernen, sondern der nur aus Mitleid und um zu helfen zu uns herabstieg, sehen wir auch das Wesen Gottes, das auch wir verwirklichen sollen und können. „So hat Gott die Welt geliebt, dass er seinen eingeborenen Sohn hingab." Insofern ist der „hingegebene Sohn" auch die Hingabe Gottes. Liebe und Loslassen bedeuten letztlich das völlige Aufgeben des getrennten Selbst. Aus diesem Loslassen entsteht die Freude, die wir im Innersten sind. Gott (reines Bewusstsein) gibt seinen Sohn (eine bestimmte Manifestation, individuelles Bewusstsein) hin, er lässt sie los. Gott tut „im Großen", was wir „im Kleinen" tun sollen. Daraufhin wird der Sohn beim Vater verherrlicht, er ist ganz befreit.

Ein ganz zentrales Bild des Neuen Testaments, die Kreuzigung, symbolisiert zweifellos den Tod des kleinen Ich. Die Auferstehung Christi symbolisiert die Auferstehung des wahren Selbst.

Eine ganz wesentliche Idee, die sich in der Figur Christi verkörpert, ist die Idee der Einheit des Göttlichen und Menschlichen, des Transzendenten und Immanenten. Damit verkörpert Jesus selbst einen wesentlichen Aspekt der Nicht-Dualität. Man könnte Jesus also auch als ein Anschaulich-Machen oder Greifbar-Machen des eigentlich nicht Greifbaren verstehen. Ein wirkliches Symbol, ein Symbol des Wirklichen.

Die Vorstellung Jesu Christi, das Beten zu Jesum Christum, die Lehre Christi: Ist dies alleine schon ein sicheres Ticket zur geistigen Entwicklung? Natürlich nicht. Viele Menschen gehen auch hier nicht tief genug. *Keine* Vorstellung kann uns befreien, sondern sie ist nur eine Hilfe, ein Schritt auf dem Weg. Wenn wir die Liebe und Verbundenheit, die Christus vorgelebt hat, wirklich empfinden, dann sind wir seine Jünger, nicht wenn wir das Evangelium theologisch auslegen. Er ist die Erinnerung daran, dass es auf die Verbundenheit und das Herz und die Liebe ankommt.

Egal, ob Jesus Christus oder Advaita Vedanta, es gibt nichts, was der Verstand nicht auch in eine Karikatur verwandeln kann und für seine Zwecke verdreht und verzerrt. Alles, was man zum Objekt macht, und sei es Jesus Christus, birgt immer die Gefahr, dass man dabei stehen bleibt und dass der Verstand sagen kann: Jetzt habe ich es gefunden, ich kann aufhören, ich bin fertig.

Im Hinduismus ist der Name für den höchsten vorstellbaren persönlichen Gott „Ishvara" und zwar unabhängig von der Glaubensrichtung. Man kann in ihm Shiva sehen oder Vishnu oder

Krishna oder, wie wir hier tun wollen, Jesus Christus als Bild für ihn nehmen. Die eigentliche Gottesliebe (Bhakti) kann vielleicht nur auf einen persönlichen Aspekt Gottes gerichtet werden, nicht auf seinen unpersönlichen (Brahman). Jesus Christus ist wohl die vollkommenste Selbstoffenbarung Gottes, die wir uns denken können. Aber auch die Hingabe an eine liebevolle göttliche Mutter, wie wir sie in der Marienverehrung finden, ist natürlich eine Möglichkeit. Vivekananda sagt, dass der Gott der Philosophen („sat-chit-ananda": „Existenz-Wissen-Seligkeit") *derselbe Gott* ist wie der Gott der Liebe des Bhakta. Brahman ist alles; aber Brahman ist zu abstrakt, um geliebt und verehrt zu werden. Daher wählt der Bhakta einen bestimmten Aspekt Brahmans, eine Personifizierung: Ishvara, der höchste Herrscher, oder im Christentum Jesus Christus, der Weltenherrscher, Pantokrator.

Benedikt XVI hat durchaus recht, wenn er sagt, dass sich Gott stufenweise offenbart: in seiner Schöpfung, in Heiligen und Propheten (im Osten würde man auch sagen: in göttlichen Inkarnationen, in Avataren) und als höchste Gottesoffenbarung in Jesus Christus.

Die Tatsache, dass eine „Personwerdung" Gottes immer nur einen Aspekt Gottes zeigt, wird von Jesus dadurch ausgedrückt, dass er sagt: „Der Vater ist größer als ich." Auch im Hinduismus gibt es die Vorstellung, dass nur ein Viertel des universellen Gottes (Brahman) als Person das Universum schuf.

Bei Vivekananda sind die anderen Yogawege (Bhakti, Karma) noch viel präsenter, als dies bei heutigen Vedanta-Lehrern meist der Fall ist. Vivekananda sagt, dass die Liebe das Tor zu allen Geheimnissen des Universums ist. Die Weisheit des Herzens reicht weiter als die des Verstandes. Auch ist es ein Privileg, anderen zu helfen, denn der Gebende ist gesegnet - mehr als der Empfangende. Durch die Ausübung der Liebe wird man rein und vollkommen. Man arbeitet ohne bestimmtes Motiv, aus der Freude und der Liebe heraus.

Die Liebe zu Gott bedeutet auch, dass man zu Allem voller Liebe „Ja" sagt. Es gibt dann auch kein Empfinden von Mangel mehr, weil man kein bestimmtes Objekt oder Ziel mehr im Sinn hat: Die Liebe selbst ist Mittel und Ziel. Die Liebe, das Gefühl der Verbundenheit, manifestiert sich überall im Universum. Indem der Bhakti-Yogi das Höchste, „Gott", liebt, umfasst seine Liebe alles in der Welt, denn alles ist eine Ausprägung der göttlichen Schönheit. Wenn man das höchste *Bewusstsein* erlangt hat, kehrt man zurück zur Liebe und *Hingabe* an Gott, den höchsten Geist. Die Hingabe aber manifestiert sich auch in guten, selbstlosen Taten.

Im Zusammenhang der falschen, alptraumhaften Realität, in der viele Menschen leben, erscheint eine plötzliche Manifestation der wahren, tieferen Realität wie ein Wunder und spontane Heilungen als etwas Außergewöhnliches und Magisches. Dabei ist es nur ein plötzliches Erscheinen der tieferen Realität. Die Freude und Harmonie, die der Urgrund von allem ist, bricht hier durch, wie die Sonne durch eine Lücke in einer dichten geschlossenen Wolkendecke.

Wenn die Schöpfung eine sinnvolle Ursache haben kann, dann ist es die Liebe. Liebe ist erst in der Vielheit möglich. Schöpfung und Liebe sind aufs innigste miteinander verbunden. Mit den Augen der Liebe betrachtet, ist alles Nicht-Dualität, ist die Schöpfung eins und harmonisch, sind Schöpfer und Schöpfung eins. Ohne Liebe keine Harmonie. Es reicht aber nicht, zu sagen: „Ich verstehe, dass alles eins ist." Liebe ist das *Gefühl*, dass alles eins ist. Das Überwinden der Unwissenheit, das einzige echte Ziel, wird erreicht durch „Fühlen-Verstehen", durch „Wissen-Lieben".

Die Yogawege, die um der besseren Anwendbarkeit willen getrennt wurden, müssen wieder zusammenkommen. Vor allem muss Jnana-Yoga durch Bhakti-Yoga ergänzt werden. Beide zusammen, Erkenntnis und klares Schauen einerseits sowie Fühlen, Hingabe und Loslassen andererseits sind schon die ganze Introspektion, die ganze Selbstwahrnehmung, *sind* schon Raja-Yoga und führen zu Frieden und Freude. Aus ihnen fließt auch

Karma-Yoga, das richtige Handeln, ohne persönliches Interesse. Die Trennung ist hilfreich, aber künstlich und provisorisch.

Swami Sarvapriyananda sagt einiges Interessante zum Thema „dualistische" Anbetung und Hingabe an Gott oder einen Meister. Er sagt, dass diese in keinem Widerspruch zur „Nicht-Dualität" steht und dass vor der Erleuchtung der Bhakti-Weg immer sinnvoll ist, wenn auch nicht essentiell. Die großen Meister sind auch nach der Erleuchtung weiter den Bhakti-Weg gegangen.

Swami Sarvapriyananda erklärt in einem Vortrag, warum der Weg der Liebe, Bhakti, in gewisser Hinsicht der direkteste Weg ist. Er ist sehr einfach, insofern Liebe die einzige Praxis ist. Swami Sarvapriyananda erklärt auch, wie man Gottesliebe in seinem Leben kultiviert. Jeder empfindet Liebe für irgendetwas, für seine Kinder, seinen Partner usw. Oder man empfindet in bestimmten Momenten in der Natur, z.B. bei einem Sonnenuntergang, plötzlich, wie das Herz weich und empfindsam wird. Man soll nun zum einen Gott als etwas Weiteres, das man liebt, seiner „Liste" gewissermaßen hinzufügen und man soll in diesen schönen Momenten an Gott denken, daran denken, dass Er der Quell all dieser Schönheit ist. Sobald man beginnt, Gott einen kleinen Platz zu geben und bei allem, das man liebt, bei allen Erfahrungen, Seiner gedenkt, beginnt man Gottesliebe zu kultivieren. Wenn ein Anfang gemacht ist, wird sie immer mehr wachsen. Wenn du Gott liebst, wird Gott dich lieben und zu dir kommen. „Wir werden Wohnung bei ihm nehmen", sagte Jesus. Wenn man dann diese Liebe dadurch zum Ausdruck bringt, dass man Dinge für Gott tut, wird die Liebe weiter wachsen. Der erste Schritt ist, dass man Gott oder einen geliebten Meister zu den Dingen, die man liebt, hinzufügt und sagt: Mein Gott, mein Jesus usw. Man beginnt also bei den Dingen, die man schon jetzt liebt, und dehnt diese Liebe auf die beschriebene Weise immer weiter aus, sodass man schließlich nahezu alles mit Liebe tut und alles mit Liebe annimmt. Es ist ein einfacher Weg, den man schrittweise geht und bei dem man schon nach wenigen Schritten belohnt wird.

In demselben Vortrag sagt Swami Sarvapriyananda, dass manche Bhaktas gesagt hätten, sie wollten kein „Moksha", keine Befreiung, weil alles, was sie wollten, sei die Liebe zu Gott in ihrem Herzen zu spüren. Ebenso sagt Sarvapriyananda, dass man nach dem Entdecken der Nondualität und dem Überwinden der Dualität sich wieder der Dualität zuwenden kann, einfach nur, um Liebe zu empfinden. Das wäre eine Art von „coming full circle". Auch Vivekananda sagt, dass es Bhaktas gegeben hat, die zu Recht gesagt haben, dass Gott zu sehen, zu spüren und Gott zu genießen, höher ist als alles andere, höher sogar noch als Moksha, als Befreiung.

Was ist das Höchste? Der liebende und auch leidende Meister, Jesus Christus, Bruno Gröning, oder der von allem unberührte friedvolle Meister, Buddha, Ramana Maharshi? Vielleicht erkennt man einen sehr großen geistigen Meister auch daran, dass er die Koshas und die materielle Welt nicht nur durchschaut, sondern sogar beherrscht. Dies ist der Fall, wenn jemand Wunder tut, wie Jesus oder Bruno Gröning. Dies ist aber Spekulation.

Der Bhakta, der zugleich Jnana ist, umgeht alle sonst üblichen Stolperfallen, denen so viele auf dem Bhakti-Weg ausgeliefert sind, nämlich die der Intoleranz und des Fanatismus, welche wir leider oft bei den großen Religionen sehen können. Der Bhakta, der auch Jnana ist, kennt sein Ziel. Er weiß, dass alle Rituale, alles Mantra-Singen, alle Gebete einem höheren Zweck dienen, dass sie nur Vehikel seiner Hingabe und seines Weges zur Reinheit sind. Er weiß, dass in den verschiedenen Religionen jeder die ihm angemessenen Formen der Hingabe an Gott sucht und dass daher keine dieser Formen die „richtige" oder „bessere" sein kann, denn diese Formen dienen ja alle nur einem höheren Zweck, dem der inneren Erkenntnis und Verbindung mit dem Göttlichen.

Die traditionellen Religionen stellen einen großen Schatz an solchen äußeren Ritualen zur Verfügung, die der Bhakta nutzen kann, und zu denen beispielsweise auch Fastenzeiten, Gottesdienste und Pilgerreisen gehören können. Aber der Bhakta, der auch Jnana ist, weiß, dass diese alle nur dazu dienen, seine innere völlige Hingabe an Gott zu entwickeln. Wunder und Gnade sind auch Teil der Welt des Bhakta, des Gläubigen, desjenigen, der Gott liebt. Aber auch diese Wunder sind nur ein Mittel zum Zweck, zu einem höheren Zweck. Dies hat Jesus gesagt, wenn er den Geheilten die Lehre mit auf den Weg gab, nicht mehr zu sündigen. Auch Bruno Gröning hat gesagt, dass das Wiederfinden des Glaubens das größte Geschenk an die Geheilten gewesen sei, größer als die physische Heilung.

Der größte Fallstrick des Jnana hingegen ist, dass er im Egoismus verharrt: *Ich* will frei sein, *ich* will Gott sein usw. Diesen Fallstrick gibt es für den die Bhakta nicht so sehr: Er will Gott dienen, er will lieben.

Der natürliche Zustand der Leere ist kein Zustand der Gleichgültigkeit oder Motivationslosigkeit, wie wir an vielen Erleuchteten sehen, die sich darum kümmern, andere Menschen auch zur Erleuchtung zu führen. Woher kommt dann aber die Motivation? Zum einen ist festzustellen, dass bei wirklich befreiten Menschen das Handeln gleichzeitig ein „Nicht-Handeln" ist, also ein Handeln ohne Anhaften. „Ohne Anhaften" heißt ohne Identifikation der Person mit der Handlung, denn diese Person existiert nur noch als eine Art Nachhall, aber hat nicht mehr die Energie, die sie bei den meisten Menschen hat. Zum anderen ist Jesu Satz „Ich bin nicht gekommen, meinen Willen, sondern den Willen meines Vaters zu tun" die entscheidende Erklärung. Der Vater (reines Bewusstsein) hat nämlich nur einen Willen: Befreiung von Illusionen. Liebe und Mitleid transzendieren die persönliche Ebene und zielen auf dauerhafte geistige Befreiung der leidenden Menschen, was nicht bedeutet, dass kurzfristige, praktische, physische Hilfen verweigert werden, aber diese sind nicht das Entscheidende. Das Entscheidende ist, die Menschen wachzurütteln und auf den „Weg zum Licht" zu führen. Die Worte eines echten Meisters müssen daher vom Standpunkt der Person aus auch einmal hart und mitleidlos klingen. Auch Jesus wurde sehr deutlich und sagte z.B. „Ihr Heuchler!"

Mooji sagt über die Bedeutung des Weges des Herzens, man solle mit Krishnas Augen sehen und mit Christi Herz lieben. Damit weist er auf die unterschiedlichen Vorbildfunktionen dieser beiden Weltenlehrer hin. Auch sagt er, dass die einzige wirkliche spirituelle Reise vom Kopf zum Herzen führt.

Rupert Spira sagt, dass Jesus, als er gesagt hat „Ich bin der Weg, die Wahrheit und das Leben", gemeint hat, das „Ich bin" sei der Weg, die Wahrheit und das Leben. Das ist sicher richtig, aber es kann gleichzeitig auch bedeuten: „Ich, Jesus Christus, bin eine Verwirklichung des göttlichen Geistes auf der Erde. Ich bin ein Mensch, der Gott voll verwirklicht hat und daher eine Art Leitstern, ein Vorbild für euch". Rupert Spira sieht Religion radikal vom nicht-dualistischen Standpunkt aus. Aber ich finde es sinnvoll, beide Standpunkte im Blick zu behalten. Beispielsweise ist es durchaus richtig, zu sagen, dass ein äußerer Gott das logische Korrelat zu einem getrennten Selbst ist, denn das getrennte Selbst muss eine äußere Erklärung für die Existenz des Universums fabrizieren und das ist ein von ihm getrennter äußerer Gott. Das ist von bestechender Logik. Gleichzeitig ist jedoch neben der Einheit auch die Vielheit Realität und wir existieren in diesem Spannungsfeld aus Einheit und Vielheit, weshalb ein Gott der nicht *nur* äußerlich aber *auch* äußerlich ist, eine Vorstellung ist, die, indem sie uns die Möglichkeit der Liebe, Demut und Hingabe gibt, für unsere spirituelle Entwicklung sehr wichtig, vielleicht unverzichtbar ist. Auch realisierte Meister, egal ob Yogananda oder Ramana Maharshi, haben noch zu Gott gebetet.

Rupert Spira meint, dass die Reintegration der Erkenntnis des transzendentalen Wesens, des Selbst, in die immanente Erfahrungswelt am besten durch Praktiken aus der tantrischen Tradition zu erreichen ist. Das sehe ich anders. Ich denke, dass die wichtigste Ergänzung des nach innen gerichteten Pfades der Tradition des Advaita Vedanta vielmehr der Weg des Bhakti ist. Denn dieser vereint wirklich Inneres und Äußeres, Transzendentes und Immanentes, die Hingabe an Gott in uns und die Hingabe an die äußeren Manifestationen Gottes (oder unseres Selbst). Jesus hat diese doppelte Hingabe vollkommen verkörpert, indem er voller Mitgefühl für die Menschen war und sein Leben für sie hingab und sich gleichzeitig immer wieder dem inneren Vater hingegeben und unterworfen hat. Man kann sagen, dass für ihn beides eins und dasselbe war: die Liebe zum Selbst, zum Vater, zum Geist und die Liebe zu den Manifestationen des Geistes, die er in der Welt fand, zu seinen „Nächsten".

Wohin uns Advaita Vedanta führt, ist das Erkennen der Einheit. Dies ist der erste Schritt. Der zweite Schritt ist das Verbinden von Einheit und Vielheit, die Integration von beiden. Diese ist nur durch Liebe möglich.

Zwischen vielen Sufi-Aussprüchen und den Lehren des Vedanta gibt es keinen Unterschied. Der einzige Unterschied besteht darin, dass die Sufi-Lehren mystisch sind und Vedanta-Lehren zumindest teilweise systematisch-philosophisch.

Swami Vivekananda sagt in seinem wundervollen Buch über Bhakti-Yoga, dass ein Vogel zum Fliegen zwei Flügel braucht, nämlich Jnana (Wissen) und Bhakti (Liebe). Darüber hinaus braucht es noch eine Disziplin, die beides vereinigt. Dies kann Yoga sein, welches dem Suchenden hilft, die Balance zu halten, ähnlich den Schwanzfedern des Vogels.

Vivekananda hat sicher recht, wenn er sagt, dass alle vier Yogawege ihre Bedeutung haben und dass man keinen ganz vernachlässigen sollte. Die Frage ist aber, wo man beginnt. Der Punkt, wo man zuerst Zugang gewinnt, ist sicherlich Jnana-Yoga, der Weg der Erkenntnis. Die in der Meditation und Konzentration (Raja-Yoga) erlangte Vertiefung und Realisierung der Wahrheit soll sich nun auch im äußeren Handeln zeigen (Karma-Yoga). Dieses liebevolle Handeln ist aber ohne Liebe und Hingabe an Gott (oder das „Selbst"), den man in allen Wesen erblickt, nicht denkbar (Bhakti-Yoga).

In den Veden ist die Rede von der Herrlichkeit der Befreiten in den Sphären der untergeordneten Gottheiten. Dies stimmt mit unserer Ansicht überein, dass Befreiung immer bedeutet Befreiung *zu* etwas ist: Befreiung zum Geist, Befreiung zu geistiger

Kraft und Befreiung zu einer Aufgabe in der geistigen Welt. Die Befreiten erlangen alle möglichen Fähigkeiten und Kräfte, außer der Fähigkeit, das Universum zu schaffen oder das Universum zu beherrschen, denn diese Kraft liegt allein bei dem höchsten Geist. Auch Acharya Shankara sagt, dass der Wille der Befreiten stets abhängig bleibt vom Willen des höchsten Herrschers. In der Ashtavakra Gita singt der Erleuchtete, er *sei* Shiva. Swami Vivekananda weist aber zurecht darauf hin, dass die Befreiten, von denen alles, was ihre wahre Natur verhüllt, entfernt worden ist, nun zwar eine klare und uneingeschränkte Sicht auf Brahman genießen, dass sie aber nicht die Kraft haben, das Universum zu beherrschen. Diese Kraft hat allein Brahman.

Vivekananda sagt, dass jene, die auch nach der Befreiung ihre Individualität behalten wollen, ihre Wünsche realisieren können und, indem sie den Segen des „qualifizierten Brahmans" genießen, den allgegenwärtigen Höchsten um der Liebe selbst willen lieben. Nachdem sie sich dann in diesem Zyklus in der Natur aufgelöst haben, kommen sie im nächsten Zyklus, nachdem sie Vollkommenheit erreicht haben, als „Herrscher von Weltensystemen" zurück. Letztlich ist dieser Begriff sehr verwandt mit der Vorstellung, dass sie als höher entwickelte Geistwesen Aufgaben übernehmen und entspricht Vorstellungen aus Nahtoderfahrungen, aus der Brihadaranyaka Upanishad und aus esoterischen, dem Christentum nahestehenden Werken, wie denen von White Eagle.

Der Planer und Herrscher des Universums ist immer jenseits des menschlichen Geistes. Auch wenn Brahman und Atman aus einer bestimmten Perspektive eins sind, so sind sie doch aus einer anderen Perspektive nicht eins. Der alles umfassende, universale Geist ist immer noch etwas Höheres, ist immer noch umfassender und größer als die verwirklichte Seele, als das was man als Atman bezeichnet. „Der Vater ist größer als ich", sagte Jesus und mit „der Vater" meinte er den Urgrund des Seins, Gott, Brahman.

Alle *Objekte* der *menschlichen* Wahrnehmung und Vorstellung, innerlich und äußerlich, von unserem eigenen Körper bis hin zum höchsten Geist, bestehen aus unserem Bewusstsein und „etwas Anderem". Diese Mischung ist unvermeidlich. Daher ist es auch unvermeidlich, dass unsere Vorstellung von Brahman anthropomorphisch ist. Christus ist die höchste anthropomorphische Vorstellung, die wir uns von Gott machen können. Aber *keine* Vorstellung ist wirkliche Gotteserkenntnis.

Beim Bhakta ist es ganz offensichtlich, wie er den Dualismus „innen-außen", „Ich und Welt" überwindet. Wem Gott alles ist, wer Gott in allen Dingen sieht, für den gibt es kein „innen" und „außen" mehr, für den gibt es keine Trennung und keine Dualität mehr.

Swami Vivekananda sagt, dass Bücher vollkommen unzureichend sind, um spirituelles Wachstum anzuregen und dass wir hierfür unbedingt den Impuls von einer anderen höher entwickelten Seele benötigen, von einem Lehrer. Dieser Lehrer ist der „Guru". Wenn es aber ein Buch gibt, aus dessen Seiten der Lehrer so plastisch und lebendig herausgetreten ist, dass er mittlerweile im kollektiven Bewusstsein der Menschheit die verankert ist, dann ist dieses Buch gewiss das Neue Testament und dann ist dieser Lehrer Jesus Christus. In diesem Sinne ist das Neue Testament mehr als ein gewöhnliches Buch. Es ist ja auch kein philosophisches Buch, so wie die Bücher, von denen Vivekananda spricht. Es ist ein Geschichtsbuch voller kraftvoller Bilder, wie eine große Dichtung.

Darüber hinaus weist Vivekananda völlig zu Recht darauf hin, dass die größten Lehrer der Menschheit keine spirituellen Lehrer, wie wir sie gewöhnlich finden können, sind, sondern Avatare, die Spiritualität durch Berührung, durch ihren Wunsch übertragen können. Jeder kann von Ihnen sofort auf eine höhere Ebene gerufen werden, wie auch die Geschichte von Saulus und Paulus zeigt. Allein durch sie können wir Gott äußerlich erkennen, sie sind die höchsten Manifestationen Gottes, die auf der Erde möglich sind, die Lehrer aller Lehrer. Man kann, so sagt

Vivekananda, gar nicht anders, als sie zu verehren. Sie sind die einzigen, die wir verehren sollten. Immer wenn die Menschheit einen spirituellen Impuls braucht, sagt der Hinduismus, kommen solche Avatare auf die Erde. Rama und Krishna waren solche Avatare. Wenn wir Jesus als Avatar sehen, dann ist er gewiss der am hellsten strahlende in unserem Zeitalter. Damit ist der „Sohn Gottes" wirklich ein befreiendes Geschenk Gottes an die Menschheit und der Titel „Messias" der ihm zustehende.

DIE LEHRE DER EINHEIT-IN-DER-VIELHEIT

Das Anerkennen verschiedener Seinsebenen und eine klare Strukturierung der Realität helfen auch, das irdische Leben zu verstehen. Oder umgekehrt: Ohne eine solche Strukturierung können wir es nicht verstehen. Wenn wir materielle Prozesse von Lebensprozessen und diese wiederum von Bewusstseinsprozessen unterscheiden, dann wird deutlich, welche unterschiedlichen Kräfte sich auch im irdischen Bereich manifestieren.

Wenn man nun bei den materiellen Prozessen im weitesten Sinne ansetzt, erklärt man die Welt vom Standpunkt der Physik und Chemie aus. Bei der Analyse der materiellen Welt durch die Physik kommt man zu erstaunlichen Resultaten, die alle darauf hinauslaufen, dass das Materielle irgendwie seltsamerweise nicht nur oder vielleicht gar nicht „materiell" ist und über allerlei geheimnisvolle Eigenschaften verfügt, sodass man sich nicht genug wundern kann, wie vollkommen die Elementarkräfte und physikalischen Konstanten aufeinander abgestimmt sind; wie die scheinbar feste und aus Teilchen bestehende Materie ebenso gut als Energie oder als Welle gesehen werden kann; wie selbst das, was zunächst als grundlegende Kategorien gesehen wurde, Zeit und Raum, plötzlich unscharf wird und verschwimmt; und wie auch die Grenze zwischen materiell-energetischen Prozessen und Lebensprozessen im Gebiet der Biochemie nicht mehr eindeutig zu bestimmen ist. Die unfassbare Harmonie des Seins aus Einheit und Vielheit ist das, was große Physiker wie Max Planck oder Albert Einstein, die Augen für das Gesamtbild hatten, im Innersten berührt hat. Dieselbe unglaubliche Harmonie aus Einheit und Vielheit ist auch das Endergebnis der Untersuchung der Ebene der Lebensprozesse und des Lebens, mit der sich die Biologie beschäftigt. Das, was sich vom Standpunkt der Evolutionsbiologie aus als vollkommene Anpassung der einzelnen Lebewesen an ihre Umwelt beschreiben lässt, kann man ebenso gut als perfekte Harmonie zwischen dem Einzelnen und dem Ganzen, zwischen Einheit und Vielheit sehen. In unendliche Abstufungen zwischen einfachsten und kompliziertesten Lebensformen gegliedert, zeigt sich im Pflanzen- und Tierreich eine Welt der Wunder, die dem Menschen, der sein eigenes Wesen in ihr wiedererkennt, als etwas Vertrautes und mit ihm Verbundenes, etwas Schönes und Sinnhaftes erscheint. Ebenso wie Materie eins und doch vielgestaltig ist, ist auch das Leben eins und doch vielgestaltig. Auch der Übergang zwischen Lebensprozessen und Bewusstseinsprozessen erweist sich als unscharf, denn während die Neurobiologie oder Neurowissenschaft zwar physische Prozesse im Bereich des Gehirns und der Sinne beschreiben kann, die offensichtlich etwas mit Bewusstsein zu tun haben, so muss sie doch vor dem Geheimnis des Bewusstseins selbst kapitulieren.

Bei der evolutionsbiologischen Erklärung des Bewusstseins sollten wir noch etwas mehr ins Detail gehen. Die durch die Evolutionsbiologie untersuchte Anpassung der Lebewesen an ihre Lebensumwelt betrifft ja nicht nur ihre physische Form in dem Sinne, als z.B. Fleischfresser andere Beißwerkzeuge und einen anderen Darm haben als Pflanzenfresser, oder sich die Tiere anders fortbewegen, sondern diese Anpassung betrifft neben den Wahrnehmungswerkzeugen, den Sinnen (große Ohren, scharfe Augen usw.) auch *die Art, wie das Bewusstsein die Informationen aus der Umgebung filtert und interpretiert* und gegebenenfalls unmittelbar in körperliche Reaktionen umwandelt. Diese sich gegebenenfalls als Handlungen ausdrückenden Reaktionen auf die Umwelt können sehr direkt und unmittelbar, oder auch, bei hochentwickelten Organismen wie dem Menschen, sehr planvoll und komplex sein, aber sie sind immer evolutionsbiologisch sinnvoll, also auf das Überleben ausgerichtet. Sie heißen dementsprechend „Jagdtrieb", „Sammeltrieb", „Sexualtrieb", „Fluchtreflex" usw. und sind aufs engste mit hochkomplexen neuronalen oder auch hormonellen Abläufen im Körper verbunden. Sie bilden im Bewusstsein des jeweiligen tierischen Organismus ein umfangreiches, komplexes Bündel aus äußeren und auch inneren Wahrnehmungen, die zunächst einmal alle mit der Frage zu tun haben, ob die Abläufe und Ereignisse im Sinne des

Überlebens dieses Organismus sind. Deshalb müssen sie auch ohne zeitliche Verzögerung automatisch in positive, neutrale oder negative Wahrnehmungen eingeteilt werden. Diese Positiv-negativ-Einteilung setzt sich beim Menschen, der mit seinem Gehirn in der Lage ist, abstrakte Begriffe zu bilden und mit ihnen zu operieren, der eine Vorstellung von Vergangenheit und Zukunft hat, in seinem abstrakten Denken fort. Der Denkapparat (das Gehirn) des Menschen ist evolutionsbiologisch betrachtet ein Teil der Überlebensstrategien dieses Organismus, oder besser gesagt: dieser biologischen Gattung. Insofern ist alles durch und durch biologisch und evolutionsbiologisch erklärbar, auch unser Bewusstsein. Nichts in dieser Welt ist frei, alles ist determiniert.

Dies ist eine Tatsache, die die Philosophie oder auch jede spirituelle und religiöse Welterklärung gut tut, nicht zu bestreiten, und die auch meine Philosophie nicht bestreitet. Nun wollen wir aber ganz philosophisch sein und das soeben Beschriebene weiter auslegen und interpretieren. Wir haben festgestellt, dass auch unser Bewusstsein strukturell perfekt an unsere materielle Umwelt angepasst ist, und zwar so, dass es dem Überleben des Organismus oder der Gattung dienlich ist, woraus Schopenhauer folgerte, dass das höchste Ziel der Realität das Leben oder das Überleben ist und dass dementsprechend die innere Wurzel, das innere Wesen der materiellen Realität der von ihm so genannte „Wille zum Leben" sein muss. Vom (evolutions-)biologischen Standpunkt aus betrachtet erscheint das menschliche Bewusstsein also als Gipfelpunkt, als das am höchsten entwickelte Werkzeug des Überlebenstriebes. Die Philosophie sagt nun: Ja, das muss so sein bei einem Bewusstsein in einer Welt physischer Körper oder Organismen, in der es sich scheinbar in einem dieser Organismen befindet und von ihm abhängig ist. Die Philosophie erkennt diese Tatsache also ihrerseits einfach an, sagt aber, dass es nicht legitim ist, das Bewusstsein allein aus dieser Richtung zu betrachten, denn im Bereich des menschlichen Bewusstseins beobachten wir Phänomene, die sich teilweise nur noch mit Mühe und teilweise überhaupt nicht mehr in dieses Erklärungsmodell einordnen lassen. Während man den wissenschaftlichen oder philosophischen Erkenntnistrieb des Menschen noch allenfalls als eine Ausprägung des Überlebenstriebes verstehen kann, wird dies bei künstlerischen und kreativen Tätigkeiten des Menschen schon etwas schwieriger, aber bei vom wissenschaftlichen Standpunkt so genannten „paranormalen Phänomenen" ganz unmöglich. Letztlich heißen diese Phänomene „paranormal" weil sie über das wissenschaftlich-physikalisch-biologische Modell hinausgehen. Wenn aber solche Phänomene eindeutig nachgewiesen sind (und das ist bei dem Erleben eines erweiterten Bewusstseinszustandes etwa während Nahtoderlebnissen der Fall – vgl. *Eine Neue Aufklärung*), dann ist die einzig mögliche und sinnvolle Schlussfolgerung der Philosophie die, dass das Bewusstsein, dessen Strukturen und Abläufe die Biologie recht gut erklären kann, als solches nicht von der Biologie erklärt werden kann, denn die Biologie kann nur eine bestimmte Form oder Ausprägung des Bewusstseins und zwar eine beschränkte beschreiben. Aber höhere oder erweiterte Bewusstseinszustände bzw. -formen werden von ihr nicht mehr adäquat erfasst. Bei Nahtoderfahrungen und bei anderen, weniger gut dokumentierten Phänomenen, wie Hellsichtigkeit, zeigt sich, dass das von der Biologie beschriebene Bewusstsein letztlich ein Schnittpunkt zwischen Materiellem und Geistigem ist, denn durch Nahtoderfahrungen wissen wir von der Existenz eines nicht materiell gebundenen und daher „geistig" zu nennenden Bewusstseins. Bei der Betrachtung des Bewusstseins und verschiedener Bewusstseinsarten oder -zustände entdecken wir plötzlich eine Realitätsebene jenseits der materiellen. Deshalb muss die Philosophie die Frage nach dem Verhältnis zwischen Materie und Bewusstsein neu stellen.

Der letzte Schritt ist nun logisch gesehen ein sehr einfacher, denn wir wollen herausfinden, ob Materie die Grundlage von Bewusstsein ist oder Bewusstsein die Grundlage von Materie. Dazu müssen wir uns einerseits fragen, ob *in unserer Erfahrung* Materie jemals ohne Bewusstsein vorkommt und uns andererseits fragen, ob Bewusstsein jemals ohne Materie vorkommt. Die Antwort auf die erste Frage ist, dass wir in unserer Erfahrung selbstverständlich niemals Materie erlebt oder festgestellt haben, ohne dass wir diese mit unserem Bewusstsein wahrnehmen.

Dass materielle Prozesse relativ sind, also durch den Standpunkt des Betrachters determiniert werden, zeigt auch das berühmte Doppelspaltexperiment. Die Quantenphysik stellt die „objektive Existenz" der Materie im Sinne ihrer völligen Unabhängigkeit vom Beobachter in Frage. Gibt es nun andererseits Bewusstsein, das unabhängig von einem materiellen, physischen Bewusstseinsträger (Gehirn, Nerven, Wahrnehmungsapparat etc.) existiert? Ja, das gibt es. Diese Tatsache ist unter anderem durch Nahtoderlebnisse eindeutig und endgültig nachgewiesen. Die Schlussfolgerung ist also, dass das Bewusstsein zwar eine Form annimmt, die an die physische Realität vollkommen angepasst ist (wobei man ebenso gut sagen kann, dass physische Realität und Bewusstsein perfekt *aneinander* angepasst sind), dass aber dieses physische oder materielle Bewusstsein nur ein Aspekt, eine Erscheinungsform eines umfangreicheren, größeren, geistigen und freien Bewusstseins ist.

Welche Wissenschaft befasst sich denn nun mit der höchsten Ebene, dem Bewusstsein als solchem? Vom Standpunkt der Physik und Chemie erscheint das Leben als „Weiterentwicklung" der Materie, aber letztlich doch als ein bloßes Element *innerhalb* der materiellen Welt; ebenso erscheint vom Standpunkt der Biologie das Bewusstsein als höchste Entwicklung, als „Blüte" des Lebens, aber letztlich doch als ein bloßes Element *innerhalb* der Welt der Lebensprozesse, als ein Aspekt des Lebens. So sieht die Wissenschaft die chronologisch ältere Entwicklungsstufe stets als Grundlage und Voraussetzung der nächsthöheren. Dabei umfasst letztlich nicht die Materie das Leben und das Leben das Bewusstsein, sondern umgekehrt, das Bewusstsein das Leben und das Leben die Materie. Nicht die Materie manifestiert das Bewusstsein, sondern das Bewusstsein manifestiert die Materie; beziehungsweise, genauer gesagt, das reine, ursprüngliche, transzendente Bewusstsein beschränkt oder „verkleinert" sich soweit, dass es eine „materielle" Erfahrung machen kann: Es setzt sozusagen für eine gewisse Zeit (jeweils für eine Inkarnation) die materielle Brille auf. Die bloße Tatsache, dass die wissenschaftlichen Ansätze beim Thema „Bewusstsein" versagen, zeigt, dass die letzten und wichtigsten Interpretationen und Erklärungsmodelle nur philosophischer, spiritueller, geistiger und mystischer Art sein können. Die sich auf allen Stufen der Realität manifestierende Harmonie ist eine geistige Harmonie. In der Einheit des Geistes manifestiert sich die unendliche Harmonie der Vielheit. Diese Harmonie ist nicht „zufällig" (was immer das auch heißen soll), sondern die Manifestation, die Gestaltwerdung des Einen Geistes: „nach Seinem Bilde." Was für ein Geniestreich war es doch von Michelangelo, in der Sixtinischen Kapelle die in einen Umhang gehüllte Gruppe um Gott in der Form des menschlichen Gehirns darzustellen, denn Gott ist das höchste Bewusstsein und das Gehirn ist das materielle Analogon oder Symbol des Bewusstseins.

Das Offensichtliche ist gewissermaßen das genaue Gegenteil der Wahrheit. Irgendwo in einem unermesslich großen, materiellen Universum befindet sich, so scheint es, mein winziger Körper mit seinen Sinnesorganen, die einen kleinen, zufälligen Ausschnitt aus diesem Universum wahrnehmen. In diesem Körper kann ich Lebensenergie wahrnehmen, Gefühle und Gedanken, und ein ganz winziger Punkt irgendwo im Zentrum ist das Bewusstsein. Es ist sehr hilfreich, sich die Realität einmal genau umgekehrt vorzustellen. Man stelle sich eine Anzahl Kreise vor, die nicht geschlossen sind, sondern durchlässig. Der äußerste Kreis sei das reine Bewusstsein, das alles umfasst. In diesem Bewusstsein und von diesem Bewusstsein generiert, entstehen zunächst die fein-stofflichen, nicht-physischen Seinsebenen: Energie, Gefühle, Gedanken: der nächste Kreis. Noch weiter nach innen folgt dann der physische Körper mit den Sinnen. Der innerste Kreis ist dann das als äußerlich Wahrgenommene, die materielle Außenwelt. Dieses ist, wenn man es vom schöpferischen, reinen Bewusstsein aus betrachtet, das Produkt eines Produktes eines Produktes. Das Verständnis all dieser Ebenen hilft uns offenes, waches Gewahrsein zu üben. Dieses Gewahrsein umfasst alle Ebenen und ist sich aller Ebenen bewusst, nicht nur einiger Aspekte (wie der Gedanken und der Außenwelt). Wenn hingegen beispielsweise die Ebene „Körper und Energie" vernachlässigt und ignoriert wird, werden gerade diese Bereiche zu guten Verstecken für das Ego. Im Lichte des reinen Bewusstseins, des wahren Selbst löst sich das Ego auf, weil es kein Versteck mehr gibt, kein Halbdunkel. Das reine, ursprüngliche Bewusstsein ist der „äußerste Kreis", es umfasst, umschließt und beinhaltet alles andere. Das Ego trickst dich auch dadurch aus, dass es dich ermutigt, nur „materiell" zu schauen und spirituell kurzsichtig zu bleiben und den Scheinwerfer deines Bewusstseins nur auf bestimmte Punkte zu lenken, auf die Außenwelt, auf abstrakte Gedanken usw.

Warum ist der Mensch, warum ist der inkarnierte Mensch etwas ganz Besonderes? Weil sich das Selbst in ihm erkennt. Der inkarnierte Mensch ist *das* Werkzeug zur Selbsterkenntnis des Selbst. Damit ist der Mensch die vollkommene Form des formlosen Selbst. Oder vielleicht besser: die vollständige oder höchste materielle Form des formlosen Selbst. In allen anderen Formen (ein Tier, ein Baum etc.) gelangt das Selbst nicht zur Selbsterkenntnis, wird das Bewusstsein sich nicht seiner selbst bewusst.

Der Mensch ist „vollständig" und er hat die Fähigkeit zur Selbsterkenntnis, weil er aus allen fünf Koshas besteht. Ein Tier hat nicht alle fünf Koshas. Aufgrund dieser Vollständigkeit und Vollkommenheit des Ausdrucks des Geistes, die der Mensch ist, ist auch das Gefühl, er sei ein Universum, ein richtiges Gefühl. Alle Ausdrücke des einen Geistes sind wirklich und vollständig.

Es heißt zwar zurecht, dass es in der höheren Realität, in dem höheren Bewusstsein, keine *Zeit* gibt, wie wir sie kennen, und doch ist die Zeit, wie wir sie auf der Erde kennen, ebenso wie der Raum, ebenso wie alles auf der Erde, symbolisch bedeutsam, denn sie zeigt uns, dass es in der umfassenden, größeren Realität, im vollen Licht des reinen Bewusstseins, in der Stille, in der Leere, zugleich immer auch Bewegung, Fülle und Vielheit gibt. Das ewige Jetzt und die nie stillstehende Zeit drücken eine übergeordnete, geistige Polarität aus.

Wir sind im Materiellen, um das Materielle zu transzendieren. Wir müssen es erst erfahren, um es dann transzendieren zu können. Das ist sein eigentlicher Zweck.

Warum ist das materielle Leben so schwierig? Warum gibt es hier so viele Aufgaben und Schwierigkeiten? Warum ist das Erhalten des physischen Körpers so mühevoll? Weil unser wahres Wesen vollständiges, unendliches Bewusstsein, reine Liebe und Freude ist und deswegen *muss* in allem Materiellen immer der Stachel sitzen, der uns vorwärts treibt, der immer sagt: Geh weiter, dies ist nicht alles, dies ist nicht dein wahres Wesen, dein wahres Zuhause.

Nahtoderfahrungen bestätigen, dass die verschiedenen Realitätsebenen verbunden sind mit verschiedenen Graden von Bewusstsein. Nach dem Tod des physischen Körpers, wenn sich der Mensch wieder als befreites Geistwesen erlebt, ist das erste, was er oder sie feststellt, dass die Realität intensiver ist und dass die Kommunikation mit anderen Wesen nicht durch irgendwelche indirekten, vermittelnden Kanäle, wie Sprache, funktioniert, sondern unmittelbar, durch die direkte Übertragung von Gedanken und Gefühlen. Darüber hinaus gibt es auch Berichte von Bewusstseinszuständen im Rahmen einer Nahtoderfahrung, die als kosmisches Bewusstsein charakterisiert werden können, das Gefühl, alles zu wissen.

Bevor man das Selbst realisiert hat, ist man auch in der Astralwelt nur zu Gast und muss, bis man es realisiert hat, auf die Erde zurückkehren. Nachdem man es realisiert hat, *kann* man auf die Erde zurückkehren, um zu helfen. Freiheit lässt sich nur auf der irdischen Ebene erlangen. Wenn man das wahre Selbst erkannt hat, wenn das wahre Selbst sich selbst erkannt hat, gibt es keinen Grund mehr, auf der physischen Ebene zu inkarnieren, um Befreiung zu erreichen, aber es gibt dennoch Gründe, wieder auf die Erde zurückzukehren, entweder, weil man einen Auftrag hat, anderen Menschen zu helfen, auch Befreiung zu erlangen, oder weil die Befreiung unvollständig war.

Die höheren Realitäten hinter dem Materiellen sehend, konnte Jesus Christus Wunder tun. Diese Wunder waren aber nur die sich in der materiellen Welt darstellenden Wirkungen geistig-energetischer Veränderungen. Ist Jesus Christus in seiner Essenz anders als wir, als alle Menschen? In seiner Essenz ist er es nicht, denn die Essenz ist stets die gleiche. Es ist die vollkommene Selbsterkenntnis des „Ich und der Vater sind eins", die ihn und uns unterscheidet.

Die gewöhnliche irdische Erfahrungswelt symbolisiert den Kosmos. Entsprechend symbolisieren unsere drei bekannten Bewusstseinszustände (Wachbewusstsein, Traumbewusstsein und Tiefschlaf) die kosmischen Ebenen (materielle Realität, Astralebenen und Kausalebene). Die wahre Realität ist aber ein reines Gewahrsein, ein reines Bewusstsein, das als solches *alle Ebenen umfasst*. Dieses reine Bewusstsein ist zugleich die göttliche Essenz. Das Erkennen dieses wahren innersten Wesens, das Verwirklichen des reinen Bewusstseins führt zur Freiheit und Freiheit bedeutet Unabhängigkeit von den Begrenzungen der drei Ebenen. Egal auf welcher Ebene sich das reine Bewusstsein darstellt oder spiegelt, es bleibt sich seiner wahren Essenz bewusst und wird nicht so in diese Welt hineingezogen, dass es seine wahre Essenz vergisst.

Reinkarnation ist wirklich und niemand hat sie schöner erklärt als Eckhart Tolle, als er gefragt wurde, was denn die „Einheit" sei, die reinkarniert. Er hat gesagt, dass man dies am besten verstehen könne, wenn man auf die eigene innere Erfahrung zurückgreift, denn der eigene Mikrokosmos ist eine gute Erklärung für die Verhältnisse im Makrokosmos. Er zitierte auch das hermetische Diktum „wie oben, so unten". Er sagte, dass, ebenso wie wir, wenn wir uns mit einem bestimmten Gedanken identifizieren, zu einer bestimmten Form werden, während wir doch in Wahrheit nur das Bewusstsein sind, in dem dieser Gedanke aufsteigt, wir ebenso selbst ein Gedanke sind, der vom kosmischen Bewusstsein geträumt wird. Dieser Traum, diese individuelle Formwerdung des kosmischen Bewusstseins, wäre dann die „Einheit", die inkarniert. Die Inkarnation wiederholt sich solange in leicht abgewandelter Form (ebenso wie wir eigentlich immer ähnliche Gedanken denken), bis das Bedürfnis danach, eine bestimmte Form zu werden, nachlässt. Dies ist eng an der buddhistischen Psychologie. Ebenso wie wir im Alltag unser wahres Wesen über einem Gedanken vergessen, vergessen wir auch über der Idee einer bestimmten Persönlichkeit unser wahres Wesen als Bewusstsein. Ist nun alles außer dem reinen Bewusstsein unwirklich oder gibt es Abstufungen der Wirklichkeit? Der Gedanke ist Ausdruck der Persönlichkeit; die Persönlichkeit ist ein Ausdruck, eine Idee des Bewusstseins; die Welt der Formen erscheint also in immer ephemeren und komplexeren Formen. Dies ist wie ein Ausatmen und die Rückkehr zu einfacheren Formen und zur Quelle ist wie ein Einatmen. Die Realität ist Bewegung in der Stille. Inkarnation ist „Formwerdung". Auch ein Gedanke ist eine Form. Hinter diesen Formen steht etwas Formloses: Geist und Energie.

Auch wenn Rupert Spira „nonduality" richtigerweise vom Solipsismus abgrenzt, so ist für das Gefühl der Unterschied doch nicht so groß, weshalb eine genauere Analyse der Frage, die bereits Schopenhauer stellte, nämlich wie tief im Wesen an sich der Dinge die Wurzeln der Individualität reichen, sicherlich sinnvoll ist. Der Urgrund allen Seins, das reine Bewusstsein, ist in jedem Menschen derselbe. Advaita Vedanta macht nun den Fehler, die tiefe Bedeutung der äußeren Welt zu unterschätzen, denn, wie bereits erklärt, ist sie eine bildhafte Erklärung des wahren Wesens. Um eine Schopenhauersche bzw. Kantische Begrifflichkeit zu benutzen: Die äußere Welt *ist* zwar nicht das „Ding-an-sich" (diese Bezeichnung ist zugegebenermaßen unglücklich, „das Absolute" wäre besser gewesen), aber durch die *Interpretation* der äußeren Welt lassen sich legitime Rückschlüsse auf das Wesen des „Dinges-an-sich" ziehen, denn die äußere Welt kann nichts anderes sein, als eine Manifestation desselben. Ein wesentliches Merkmal der Welt ist ihre *hierarchische Strukturierung:* Das Bewusstsein existiert in vielen Abstufungen vom Bakterium über die Pflanze und die Tiere bis hin zum Menschen. Ein weiteres Merkmal ist, dass auf jeder Ebene der Hierarchie eine bestimmte *Idee* ausgedrückt wird, die sich in realen physischen Wesen immer wieder repliziert. Die eine Idee „Mensch" findet sich auf der Erde viele Milliarden Male realisiert. In all diesen Phänomenen drückt sich also das wahre Wesen der Realität aus. Ein vielfach replizierter Typ ist nun etwas, das *sehr tief* im Wesen an sich der

Dinge verankert ist, während die individuelle Ausgestaltung weniger tief verankert ist. Daher ist auch die Ansicht, dass ein Mensch plötzlich als Kaninchen wiedergeboren werden könnte, offensichtlich Unsinn, denn sein „Mensch-Sein" geht viel tiefer als seine Individualität, die viel fluktuierender ist. Ein Mensch bleibt ein Mensch oder wird zu einem noch höheren Wesen. Alles geschieht nach bestimmten Gesetzen und nichts ist zufällig, aber diese Vorgänge in der Tiefe des Wesens der „Dinge-an-sich" können wir nicht nachvollziehen; daher sind sie für uns gewissermaßen magisch.

Auch Joel Goldsmith spricht von „Ideen". Wenn wir mit unseren Augen auf die Welt schauen, sehen wir nicht den unendlichen göttlichen „Ideenkörper", sondern wir sehen nur ein bestimmtes Konzept dieses „Ideenkörpers": entweder ein gutes Konzept (wenn wir einen gesunden Körper oder eine schöne Blume sehen) oder ein fehlerhaftes Konzept der göttlichen Idee (nämlich wenn wir einen alternden, kranken Körper, eine welkende Blume oder einen toten Baum sehen). Je mehr sich unsere Konzepte einer Idee verbessern, desto mehr verbessert sich auch unsere Fähigkeit zu heilen. Das Heil beginnt im Bewusstsein.

Tatsächlich ist die Bewegung, die wir im Tagesrhythmus vollziehen, vom Wachbewusstsein in das Traumbewusstsein und in den Tiefschlaf, ein gutes Bild für das, was in einem größeren Zusammenhang mit dem Menschen geschieht, der vom irdischen Bewusstsein in die astrale Welt wechselt, wo er ein viel größeres Selbst erlebt, und von da aus in die kausale Ebene, in der eine noch tiefergehende Erneuerung der Kräfte und eine Heilung der Seele stattfinden mag. Ebenso wie der Tiefschlaf uns die größte Erholung bietet, wie wir aber aus dem Tiefschlaf stets wieder in unsere eigene Traumwelt und von dort in unser eigenes Wachbewusstsein zurückkehren, so werden wir auch von der kausalen Ebene wieder an der gleichen Ein- und Austrittsstelle in unsere astrale Identität zurückkehren und von dort gegebenenfalls in unsere körperliche. Wir leben in einem komplexen, multidimensionalen Kosmos mit unterschiedlichen geistigen Kräften, in dem der Ein- und Austritt in die verschiedenen (Bewusstseins-

)Ebenen nach bestimmten Gesetzen verläuft und dessen Gesetze wir nicht ganz durchschauen können.

Nahtoderfahrungen bestätigen ja, dass sich das Bewusstsein, der Geist, vom Körper löst und unabhängig vom Körper zunächst die physische und dann die andere Welt wahrnimmt. Insofern untermauern Nahtoderfahrungen die Lehre, dass man nicht der Verstand und nicht der physische Körper ist. Allerdings erlebt man sich für eine gewisse Zeit als Körper-Verstand in einer physischen Welt. In manchen Nahtoderfahrungen (z.B. der von Andrea Pfeifer) wird beschrieben, wie sich ein Körper aus Licht und Bewusstsein vom physischen Körper löst. Dieser „Lichtkörper" wiederum löst sich manchmal in einem Meer von Licht auf, wo es zur Erfahrung unendlicher Freiheit, Liebe, Geborgenheit und auch unendlichen Bewusstseins kommt. In dieser Unendlichkeit bleibt aber gleichzeitig noch ein gewisses Ich-Bewusstsein ein Gefühl der Identität. Es ist also beides: ein Heimkehren in das eine Ewige, Unendliche und gleichzeitig doch ein Erhalten-Bleiben der Identität im Sinne eines Bewusstseins von „Ich bin ich" - und das obwohl es keine Grenzen mehr gibt und auch keine Fragen.

Ist die materielle Welt, unsere Erde, nun wirklich oder nicht wirklich? In welchem Sinne ist sie wirklich? Etwa so wie das gigantische Fernsehstudio in der Truman Show? Wobei es ja so ist, dass dort alle bis auf Truman wissen, dass es nur ein Studio ist. Um den Vergleich fortzuführen: So wären dort also alle bis auf Truman erleuchtet. Man muss die Frage nach dem wirklich also genauer definieren: Wirklich für wen? Absolut wirklich oder relativ wirklich? Gibt es überhaupt ein „absolut wirklich"? Die Welt ist „relativ wirklich" bedeutet: Sie ist wirklich für alle, die sich darauf geeinigt haben oder sich dazu entschlossen haben, eine irdische Erfahrung zu machen.

Nahtoderfahrungen sagen uns, dass die physische Erde ein ganz besonderer Ort ist, wie ein Wesen mit einer besonderen spirituellen Frequenz.

Es ließe sich behaupten, dass wir, inkarniert auf der materiellen Ebene, uns ganz auf diese Ebene konzentrieren sollen und sie zum Lernen nutzen sollen, dass wir uns um höhere, feinstoffliche usw. Ebenen hier nicht zu kümmern haben. Nun ist es aber erstens so, dass die materielle Ebene die anderen Ebenen nur verdeckt, dass sie in Wahrheit durchaus auch hier präsent sind. Darüber hinaus würden wir keine Offenbarungen der anderen Ebenen erhalten (wie etwa durch Nahtoderfahrungen), *wenn wir sie nicht erhalten sollten*. Das Wort „Aum" meint ja gerade, dass echte Selbsterkenntnis alle drei Ebenen umfasst.

Es gibt keinen fundamentalen Unterschied zwischen deinen Gedanken, deinem Körper und der Welt, die dich umgibt. Sie alle sind Teil einer Projektion. Aber nur weil es eine Projektion ist, ist sie nicht bedeutungslos oder zufällig. Es ist eine individuelle Projektion, die eine Bedeutung für deine ganz persönliche geistige Entwicklung hat (und gleichzeitig bist du auch noch Teil der Projektionen anderer geistiger Wesen – in einer großen Matrix). Nichts in dieser Projektion hat primäre Realität, alles ist nur ein Abbild, während dein wahrer Wesenskern verhüllt bleibt. Die Vorgänge in dieser Projektion sind nicht „frei"; frei ist nur das reine Bewusstsein, das seine Freiheit verliert, wenn es sich mit den Vorgängen in der Welt identifiziert.

Wir leben also tatsächlich gewissermaßen in einer Simulation, aber in einer perfekt geplanten und spirituell höchst bedeutungsvollen Simulation. Wie Morpheus zu Neo sagt „Welcome to the real world", so werden auch wir auf der geistigen Ebene willkommen geheißen. Allerdings fühlen wir uns dort unmittelbar zu Hause - im Gegensatz zu Neo, der einen Schock erleidet.

Eine überaus wichtige Botschaft aus Nahtoderlebnissen ist, dass wirkliches Lernen im physischen Körper stattfindet. Die physische Welt ist also notwendig um spirituell zu wachsen. Auf dem Weg von der intellektuell-emotionalen Unwissenheit zum ganzheitlichen „Wissen-Lieben" brauchen wir den Körper.

Die Erfahrung des kosmischen Bewusstseins in Nahtoderfahrungen zeigt, dass alles vollkommen geordnet ist und dass alles organisiert ist wie in einem holographischen Universum, wo das Oben das Unten reflektiert und umgekehrt, und ebenso „Innen" und „Außen" sich reflektieren: Alles entspricht und spiegelt sich und ist verbunden.

Das, was von einem materiellen Standpunkt aus am Ende der Ursache-Wirkungs-Kette steht, das was als höchstes Resultat komplexer materieller Vorgänge erscheint, nämlich Bewusstsein, Gefühle und Gedanken, ist vom geistigen Standpunkt aus betrachtet das Erste: eben nicht etwas Komplexes, sondern das nicht weiter Reduzierbare, Ewige, Einfache. Was geschieht, wenn man nun, diesen Gedanken entsprechend, Bewusstsein und Gefühle verändert oder wenn diese sich verändern? Dann verändert sich auch das, was scheinbar die Ursache, aber in Wahrheit etwas Sekundäres, eine bloße Manifestation des Primären, des Geistes und der Energie, ist, nämlich das Materielle. Dementsprechend ist es bei geistigen Heilungen oft so, dass *erst* die *gefühlten* Symptome verschwinden und *dann* die mit materiellen oder „bildgebenden" Mitteln (MRT etc.) diagnostizierbare Krankheit, denn die wahrgenommenen, gefühlten Symptome sind eine energetisch-emotionale Manifestation, die physische Krankheit aber ist „nur" materiell, steht also paradoxerweise am *Ende* der Ursache-Wirkungs-Kette.

Das Gefühl, bewusst zu sein, heißt nicht zu Unrecht „Gefühl". Man ist sich zwar bewusst, dass man bewusst ist, aber man erlebt sich auch immer als fühlend-wahrnehmend. Eckhart Tolle spricht vom „Gefühl der Lebendigkeit". Das, was das Wort „Energie" bezeichnet, ist etwas, das zum Bewusstsein sehr eng dazugehört. Daher habe ich in *Eine Neue Aufklärung* geschrieben, dass das Bewusstsein durchaus die Attribute „lebendig", „liebend" und „schöpferisch" hat. Das Gefühl der Lebendigkeit, der Energie, ist immer da. Bewusstsein ist nie „leeres" Bewusstsein, nie ohne Liebe.

Es ist ein Missverständnis, zu glauben, dass die Erkenntnis der höchsten Wahrheit, die Selbsterkenntnis, die Erkenntnis der Einheit des eigenen inneren Wesens mit dem göttlichen Wesen, die Einheit mit allem, was sich im Bewusstsein darstellt, mit einem Wort: die Erkenntnis der Nicht-Dualität, dazu führt, dass die Welt der Vielheit, also die Welt der unterschiedlichen Realitätsebenen, der multidimensionale Kosmos, die unendliche Vielzahl geschaffener Wesen, sich nun auflöst. Im Gegenteil: Sie bleibt nicht nur bestehen, sondern ihre Vielfalt und Vielheit kann erst von einem Wesen, das Selbsterkenntnis erlangt hat, wirklich wahrgenommen werden. Daher hat Swami Sarvapriyananda, wie andere auch schon, vom „Tanz" oder „Fest" des Bewusstseins gesprochen.

Die Aspekte oder Ebenen des Bewusstseins *könnte* man so einteilen: zwanghaftes, eingeschränktes, getrenntes, dualistisches Bewusstsein (der irdische „Normalzustand"); klares, „erwachtes", nicht-dualistisches, verbundenes Bewusstsein; kreatives Bewusstsein; erweitertes Bewusstsein; kosmisches Bewusstsein.

Die „magische" und die „realistische" Sichtweise: Die „magische" Sichtweise entspricht viel mehr dem erwachten Zustand, denn alles ist magisch, alles ist wunderbar: dieser Moment, das Dasein, das Bewusstsein, die Fähigkeit zu fühlen, „ich" zu sagen: Das ist das Wunder. Die „realistische" Sichtweise ist bloß auf der materiellen Ebene nützlich, aber letztlich oberflächlich. Erwachen in einer „magischen Welt": Wer wach ist, sieht alles als Magie, als Wunder, denn das ist es. Wer träumt, sieht alles als real, als materielle Welt, „da draußen". Aber es gibt „da draußen" keine materielle, „bewusstseinsunabhängige" Welt. Es gibt nur die Magie des Bewusstseins: eine Welt der vollständigen Einheit und unendlichen Vielheit. Wir schlafen und träumen in einer „realen" Welt – oder wir erwachen in einer „magischen" Welt.

Können wir dieses magische Leben in all seinen Zusammenhängen ganz verstehen? Nein, denn das wäre „kosmisches Bewusstsein". Aber wir können ganz eins mit diesem Leben sein, ganz in Harmonie mit ihm sein. Nichts ist uns dann mehr fremd (Einheit) und wir spielen dennoch eine Rolle im großen Ganzen (Vielheit). Die Rolle, die wir spielen, ist dann in Harmonie mit dem einen Geist, ist insofern „gottgewollt". Sie ist nicht mehr „rebellisch", abgetrennt und disharmonisch.

Ist es nicht großartig, wie vollkommen die physische Realität die tiefere Realität symbolisiert, indem sie zeigt, dass die Trennung (innen und außen) letztlich Illusion ist? Und gleichzeitig lässt sie diese Illusion erst zu. So ist die materielle Welt stets etwas Zweischneidiges und damit der perfekte „Trainingsplatz" für den Geist.

Unser Traumbewusstsein ist dem Wachbewusstsein strukturell sehr ähnlich. Im Traum gibt es auch ein Ich und andere Menschen, Tiere usw. Da man nun aber während des Traumes alleine (oder auch nicht alleine) in seinem Bett liegt, ist es naheliegend, zu sagen, dass du, der Träumende, die gesamte Traumwelt *bist*, denn da ist ja in der physischen Realität niemand anderes. Nur du (dein Gehirn) erzeugst diese Traumwelt mit vermeintlich „Anderen", die aber gar nicht als „Andere" existieren, sondern nur aus dir selbst kommen. Man könnte nun so schlussfolgern: „Wenn ich im Traum in Wahrheit alle und alles bin, dann bin ich vielleicht auch im Wachbewusstsein in Wahrheit alle." Während die Schlussfolgerung halb falsch und halb richtig ist, so findet sich doch im Gedankengang ein großer Fehler. Es ist zwar richtig, dass der physische Körper alleine in einem Bett liegt, aber das Bewusstsein ist eben im Traum nicht an den physischen Körper gebunden und tritt in eine andere Welt ein und auch in dieser Welt gibt es Vielheit, ebenso wie im Wachbewusstsein. Es handelt sich also lediglich um eine andere, zur physischen Welt strukturell parallele Realitätsebene. Nun gibt es aber keinen Zweifel, dass die Erlebnisse in der physischen Realitätsebene, im Wachbewusstsein, die Erlebnisse im Traumbewusstsein beeinflussen. Im Traum ziehen wir Bilder oder Erlebnisse oder andere Menschen an (oder wir kreieren Bilder usw.), die unserem psychischen, emotionalen oder geistigen Zustand entsprechen. Das ist im Traum ganz offenkundig. Im Wachbewusstsein hingegen scheinen die Dinge unabhängig von unserer seelischen oder emotionalen Situation, unserer Stimmung, zu uns zu kommen. Aber wäre es nicht vielleicht eine tiefe Lehre, die man aus Träumen ziehen kann, dass wir *immer* das anziehen, auf dessen Ebene wir gerade „schwingen"? Denn unser Ich, unsere tiefere Identität, ist offensichtlich auf beiden Ebenen dieselbe. Wir nehmen sie mit in den Traum. Im Traum realisieren sich Dinge, die mit unseren Wünschen und Befürchtungen zu tun haben. Sie entsprechen unserer „Schwingung". Wie, wenn es im Wachbewusstsein genauso wäre, nur (wie schon in *Eine Neue Aufklärung* gesagt) mit einer gewissen Trägheit, also Verzögerung? Die Effekte stellen sich also nicht unmittelbar ein, sondern zeitlich versetzt.

„Selig, die nicht sehen und doch glauben." Das Feedback der physischen Realität, ebenso wie das Feedback der Träume, zeigt uns, was wir glauben. Aber die vermeintlich äußere Welt ist immer das Resultat unsere inneren, emotionalen Haltung. Insoweit ist sie nicht nur außen, sondern auch innen. Es gibt keine scharf definierte Schnittstelle zwischen außen und innen. Und doch sind damit die Begriffe „außen" und „innen" keineswegs ganz bedeutungslos, sondern auch sie zeigen die Polarität der Welt, ebenso wie die Begriffe „Einheit" und „Vielheit".

PERSON UND WAHRES WESEN

Bist du deinem innersten Wesen nach Bewusstsein? Ja. Ist Bewusstsein persönlich? Nein und ja. Bist du persönlich? Nein und ja. Viele Advaita Vedanta-Lehrer würden die beiden letzten Fragen mit „nein" beantworten, aber das ist falsch. Sie mit „ja" zu beantworten ist sicherlich ganz falsch, aber sie nur mit „nein" zu beantworten ist auch nicht richtig. Es ist ein Sowohl-als-Auch, wobei das Unpersönliche das Übergeordnete, Tiefere ist und das Persönliche ist das Nachgeordnete. Es gibt hier eine übergeordnete und eine untergeordnete Wahrheit, ohne die ein holistisches Weltbild nicht möglich ist.

Wenn du dieses Verhältnis von Persönlichem und Unpersönlichem verstanden hast, dann ist deine Persönlichkeit nichts, was du ergreifst, festhältst und verteidigst, sondern etwas, was du verwendest und benutzt, zu einem höheren, geistigen Zweck. Du benutzt deinen Verstand und deinen Körper ohne Bewertungen. Vom Standpunkt des reinen Bewusstseins, des Geistes, der Freiheit aus ist dein Körper bloß der Ort, an dem du gerade bist. Warum bist du gerade an diesem Ort? Das weißt du nicht, aber es ist gut, dass du an diesem Ort bist (eine wichtige Botschaft aus Nahtoderfahrungen: Alles ist genau so richtig, wie es ist; „die Haare auf eurem Kopf sind alle gezählt"). Indem du dich aber nicht mehr mit diesem „Ort", zu dem auch dein Verstand und dein Körper gehören, identifizierst, kannst du vollständiger „ja" zu ihnen sagen und bist mehr eins mit ihnen, als wenn du dich mit ihnen identifizierst und sie zu deiner Identität machst, denn dann beginnst du zu bewerten und Widerstand zu leisten: Die Welt wird dualistisch und die Harmonie ist dahin. Die tiefste Wahrheit ist etwas für den Verstand Paradoxes: Indem du aufhörst, du zu sein (dich nicht identifizierst), wirst du ganz du (erlebst Vollständigkeit). Das fragmentarische Ich wird ein ganzes, ganzheitliches Ich, denn nur der Geist, das reine Bewusstsein, kann alle Daseinsebenen in sich begreifen, umfassen und akzeptieren.

Das eine Bewusstsein erlebt sich also selbst in zahllosen „Bewusstseinen", oder anders gesagt: Das Bewusstsein, das jeder Mensch im Innersten ist, ist in allen Menschen dasselbe. Aber dieses Bewusstsein macht zweifellos unterschiedliche Erfahrungen, oder befindet sich an unterschiedlichen Orten: einmal an unterschiedlichen Orten in der materiellen Welt, aber auch an unterschiedlichen Orten in der Astralwelt, auf verschiedenen Ebenen der Astralwelt usw. Warum? Jede dieser Situationen kann man als „Lernumgebung" sehen. Aber selbst das ist keine ausreichende Erklärung. An diesem Punkt wird das Sein, das Bewusstsein, die Welt wieder grundlegend *magisch* und *geheimnisvoll* (daher auch der Titel dieses Buches: Die Einheit in der Vielheit bleibt ein Mysterium). Zweifellos hat es einen Grund, dass das Bewusstsein sich in einem anderen Kontext erlebt, in einem anderen Körper, an einem anderen Ort. Zweifellos ist all dieses Teil einer übergeordneten Harmonie und von einem Geist geplant, aber *niemand,* auch nicht ein erleuchteter Mensch, kann alle Zusammenhänge dieser Planung durchschauen.

Das geschaffene Universum ist ein wunderbares Universum und keine Ebene dieses Universums muss „abgeschafft" werden. Es ist nicht nötig, das Denken abzuschaffen; bloß die *Identifikation* damit muss aufgegeben werden, die falsche, angenommene Identität. Alle Ebenen, alle Hüllen, alle Koshas sind bloß „Fahrzeuge". Es ist als ob man sich in ein Auto setzt und denkt: Ich bin dieses Auto. Das ist der Irrtum, der aufgegeben werden muss: die falsche Selbst-Wahrnehmung. Du kannst ein Auto fahren, aber du bist kein Auto und du lebst auch ohne Auto.

Auch wenn man sich mit den verschiedenen Koshas und seiner physischen Umgebung nicht identifiziert, so bleibt doch die Frage der Verantwortung, denn man ist in diese Dinge „gesetzt" und hat für sie Verantwortung; und zwar je näher, desto mehr. Die erste Verantwortung ist tatsächlich die für den eigenen Verstand und Körper und dann für die Menschen, die von dir abhängig sind. Denn es ist zweifellos einseitig, zu sagen, dass man anderen Menschen erst helfen kann, wenn man sich selbst befreit hat, und dass man daher alles nur *daran* setzen sollte. Wie will man anderen Menschen ohne einen funktionierenden Körper helfen? Man soll verstehen, dass es neben der physischen Realität und der höchsten Realität des eigenen Selbst viele Zwischenstufen gibt, etwa die energetische. Wenn der „direkte Pfad" so verstanden wird, dass man „alles auf eine Karte setzt", seine „Alltagsaufgaben" vernachlässigt und seinen Verpflichtungen anderen Menschen gegenüber nicht mehr nachkommt, kann das ein Fehler sein. Ich würde den „direkten Pfad" parallel zu anderen Wegen gehen. Auch bei der Wahl des spirituellen Weges, den man geht, muss man immer auf sein Bauchgefühl hören und um geistige Führung und Hilfe bitten und beten.

Ebenso wie es nicht nur um Identifikation geht, sondern auch um Verantwortung, geht es auch nicht nur um die Person oder Persönlichkeit, sondern um die spezifische Aufgabe, die mit ihr verknüpft ist. Die Lehre, dass „es nichts in Ordnung zu bringen gibt", stimmt nur für das Selbst, aber nicht für all seine Erscheinungen. Die übergeordnete Wahrheit ist tatsächlich „Everything's alright", aber die untergeordnete ist, dass wir Aufgaben haben. Aber was die Verantwortung und die Aufgaben angeht, kann man dann auch sagen: Wenn man sein Bestes gegeben hat, ist es gut und man muss sich um nichts mehr Sorgen machen. „Sein Bestes zu geben" heißt: Dinge mit Hingabe zu tun und ganz in ihnen aufzugehen, aber sein Glück nicht von den Ergebnissen abhängig zu machen. Beides fällt uns viel leichter, wenn wir wissen, dass diese physische Ebene nur eine relative Realität hat, keine absolute.

Die Behauptung, dass eine bestimmte physische Person mit einer bestimmten physischen Erscheinung eigentlich gar nicht existiert, kann natürlich nur von einem höheren Standpunkt aus sinnvoll sein. Es gibt übergeordnete oder absolute Wahrheiten und untergeordnete Wahrheiten. Die übergeordnete Wahrheit ist, dass du eins bist mit dem einen Geist, der reines Bewusstsein und Liebe ist. Die untergeordnete Wahrheit ist, dass du eine von vielen Manifestationen dieses einen Geistes bist und daher einen physischen Körper hast. Beides ist wahr. Es ist hingegen nicht wahr, dass du *nur* ein hochentwickelter physischer Körper bist, der ein fundamental getrenntes Leben lebt, das nach wenigen Jahren endet. Die Absurdität der Behauptung, dass du, als geistiges Wesen, das du im Grunde bist, dich nicht als physischer Körper manifestiert hast, ist noch offensichtlicher.

Das Selbst ist unser unveränderlicher Wesenskern. Die fünf Koshas wurden uns gegeben, um Selbsterkenntnis zu erlangen. Unser Selbst ist größer als diese fünf Hüllen, es umfasst sie alle. Zunächst lernen wir einzelne Bereiche des Ganzen kennen, einzelne Schichten unseres Wesens und auch von diesen gewissermaßen Bilder, die sie uns anschaulich machen. Wenn wir uns dann ganz in diesen einzelnen Schichten oder Bildern verloren haben und nicht mehr wissen, wer wir sind, kehren wir irgendwann zur Erkenntnis unseres tiefsten Wesen zurück und können dadurch unser Wesen ganzheitlich wahrnehmen, indem wir uns nicht mehr in Einzelaspekten verlieren, sondern alle Schichten und Bereiche auf einmal wahrnehmen. Wir (unser wahres Selbst) sehen und hören ohne Augen und Ohren und „denken" ohne Gehirn, aber durch diese „physischen Abbilder" unseres wahren Selbst lernen wir uns kennen. Die physische Welt ist ein Bild oder ein Traum, aber durchaus ein bedeutungsvolles Bild und ein bedeutungsvoller Traum, durch den wir vor allem uns selbst kennenlernen. Auch wenn alles dem Wesen nach eins ist, lernen wir dieses Wesen durch Dualitäten kennen: „Die Wahrheit schuf Namen in der Welt für uns, denn es ist unmöglich, die Wahrheit ohne Namen zu erkennen. Die Wahrheit ist Eines und Vieles. Sie ist so unseretwegen, um uns dieses Eine in Liebe zu lehren, durch seine Vielheit." (Gnostisches Philip-Evangelium, Vers 12)

Die tiefe Selbsterkenntnis, die in den Upanishaden und in der Ashtavakra Gita beschrieben wird, ist durchaus etwas einseitig, bzw. nur ein Zwischenschritt, denn die Betonung des begierdelosen, in sich ruhenden, unberührten Selbst fokussiert uns sehr stark auf die Rückkehr zur Einheit, die allerdings ein wichtiger, entscheidender Schritt ist. Es gibt aber noch einen weiteren Schritt, den *bewussten, freien* Schritt zur „Dualität", den Schritt zur Liebe und zum Mitgefühl. Der liebende und helfende Meister, wie Jesus Christus, ist und bleibt unser aller Vorbild und Ziel.

Künstliche Intelligenz kann auch hilfreich dabei sein, zu erkennen, was der Mensch wirklich ist. Denn alles, was künstliche Intelligenz leisten kann, ist nicht das, was den Menschen im Innersten ausmacht: auf differenzierte visuelle Reize reagieren, Texte formulieren, Wörter erkennen usw. All das können Computer leisten, aber sie sind sich nicht ihrer Existenz bewusst. Kein Computer fühlt und sagt: „Ich bin." Empfinde, dass das, was du im Moment bist, so wunderbar ist, dass es durch keine noch so komplizierte Maschine nachzubauen ist.

Nicht nur Selbsterforschung, Advaita Vedanta und religiöse Offenbarungen kommentieren sich gegenseitig, sondern auch die erkenntniskritische und idealistische Philosophie des Abendlandes leistet einen echten und wesentlichen Beitrag zur Selbsterkenntnis. Besonders die Lektüre der Werke Arthur Schopenhauers kann auch heute noch sehr bildend sein. Wenn man beispielsweise sieht, mit welcher zwingenden Logik er in der *Preisschrift über die Freiheit des Willens* darlegt, dass unsere Handlungen aufgrund der eintretenden Reize und Motive vollkommen determiniert sind, dass unser physisches Handeln nicht freier ist als das „Handeln" des Wassers, das, je nach eintretenden Umständen, langsam oder schnell fließt, stillsteht, schäumend in die Luft spritzt usw., dann erkennt man auch, dass unser Verstand und unser Körper tatsächlich in gar keiner Weise frei sind, und dann stellt sich daraus für uns die Frage: „Wo bin *ich*? Wo ist das Selbst, das entscheiden kann? Wo ist der freie Betrachter, der Zeuge dieser Vorgänge?" Er *muss* jenseits von Körper und Verstand sein.

Unser tiefstes Wesen ist Bewusstsein. Denkt das Bewusstsein? Handelt es? Spricht es? Der Verstand denkt, der Körper handelt. Wenn all diese Dinge geschehen, so wie äußere Dinge geschehen, wie es regnet und der Wind weht, welche freie Willensentscheidung besteht dann überhaupt noch? Es ist tatsächlich nur die Entscheidung, inwieweit man sich mit allen Hüllen und mit Äußerem identifiziert oder nicht identifiziert. Sich nicht zu identifizieren, ist die Willensentscheidung zur Freiheit; sich zu identifizieren ist die Willensentscheidung zur Unfreiheit. Aber es gibt niemanden, der in dem Sinne eine freie Willensentscheidung trifft, dass er entscheidet, welche Gedanken er denken will oder wie er handeln will, sondern das Handeln und Denken ändert sich in Abhängigkeit davon, ob man sich und in welche Maße man sich womit identifiziert, also was man im oberflächlichen Sinne *ist*. Die Grundlage jeder Willensentscheidung ist, wie man die Frage „Wer bin ich?" beantwortet. Jemand, der sagt „Ich bin der arbeitslose Dieter P." wird anders handeln als jemand, der sagt „Ich bin reines Bewusstsein und nichts ist von mir getrennt".

Yogananda beschreibt den Menschen als individuelle Seele, deren Grundlage der Kausalkörper ist: eine Matrix aus 35 Ideen Gottes. Wenn die Seele sich schließlich aus den drei Gefäßen der körperlichen Täuschung befreit hat, wird sie eins mit dem Unendlichen, ohne ihre Individualität zu verlieren.

Der Körper ist ein Objekt, die Gedanken sind Objekte. Sind Gefühle Objekte? Das allergrundlegendste Gefühl, das Gefühl des Lebendig-Seins, der Energie, ist ein Gefühl, das immer da ist. Ist es auch ein Objekt oder ist es nicht aufs innigste verwoben mit dem Subjekt, mit dem Bewusstsein? Und ist nicht diese Lebensenergie eine schaffende kreative Kraft, ebenso wie das Bewusstsein etwas Schaffendes ist? Ist es nicht ganz falsch, diese zwei trennen zu wollen?

Eine wichtige Parallele zwischen Nahtoderfahrungen und der Lehre der Upanishaden besteht auch darin, dass Nahtod-Erfahrene eine völlige Disidentifikation mit dem physischen Körper erlebt haben. Der Körper, den sie schwebend von oben daliegen sehen, ist für sie nun, da sie ihn verlassen haben, etwas Fremdes, das für sie keine Bedeutung mehr hat, mit dem sie sich nicht mehr identifizieren, auch wenn sie viele Jahre in ihm gelebt haben. Sie lassen den begrenzenden, irdischen Körper zurück und sie transzendieren auch ihren ebenso begrenzenden, irdischen Verstand. So bestätigen Nahtoderfahrungen die Lehre „Du bist nicht der Körper, du bist nicht der Verstand".

Jedes Ereignis im Leben, alles was sich entwickelt, jede Sekunde ist Teil einer übergeordneten Harmonie. Nichts ist zufällig. Dies ist die große Wahrheit, die die Person nicht anerkennen kann. Die Person will die Dinge anders haben, sie teilt ein in gut und schlecht. Nur durch menschliche, also persönliche Probleme wurden die Weisen dazu gebracht, ihre wahre Natur zu erforschen und zu erkennen. Das ultimative Ziel aller *persönlichen* Probleme liegt also jenseits ihrer physischen Lösung. Das Ziel ist es, wieder im wahren Wesen, im Selbst verwurzelt zu sein.

Es ist nur logisch, dass die existenzielle Furcht vor dem Tod und davor, sich aufzulösen, gerade daher kommt, dass man sich für etwas hält, was man nicht ist, ein Konstrukt, das keine tiefere Realität hat. Wenn dieses Konstrukt sich auflöst, kann man das auch als „Tod" bezeichnen; aber durch diesen „Tod" kommt es zur Auferstehung des wahren Selbst und zum wirklichen Sein.

GEISTIGE EVOLUTION

Was ist mit dem Konzept der „geistigen Evolution" gemeint? Der reine Geist, Gott, kann sich nicht „entwickeln", denn er ist schon vollkommen. Dieser vollkommene Kern ist in jedem Menschen. Die Evolution ist also bloß eine Evolution der (Selbst-)Erkenntnis. Es ist ein Sich-seines-wahren-Wesens-immer-mehr-bewusst-Werden. Und doch ist selbst dies gewissermaßen nicht richtig, denn es ist nicht die Erkenntnis eines Objekts, sondern eine andere, besondere Art der Erkenntnis, Selbsterkenntnis. Diese ist proportional zum Loslassen falscher Identifikationen, falscher, begrenzender, unvollständiger Selbstbilder, die darin bestehen, dass man denkt, man sei eine bestimmte definierte Person, ein bestimmter Körper usw. Gott schenkt uns vollkommenes Bewusstsein. Er macht uns vollständig, so wie er selbst vollständig ist. Die Evolution besteht darin, dass wir schrittweise und vielleicht auch zyklisch uns dieser Vollständigkeit und des allumfassenden, des einen Bewusstseins bewusst werden. Wir sind also schon vollständig und vollkommen geschaffen, aber nur über den Umweg der Unvollkommenheit, Getrenntheit und Beschränkung werden wir uns unseres eigenen Wesens allmählich bewusst und erst dann sind wir in geistiger Hinsicht erwachsen, was bedeutet, dass wir in der großen Vielheit eine aktive und helfende Aufgabe übernehmen können, dass wir selbst zu „Lichtbringern" geworden sind. Es ist eine Evolution von Liebe, Licht, Wissen und Bewusstsein.

In christlicher Sprache wird die wahre Spiritualität erst durch die Himmelfahrt Jesu realisiert und noch nicht durch die Auferstehung in einem materiellen Körper. Die Persönlichkeit muss sterben, damit die Unsterblichkeit realisiert wird, denn nur das unsterbliche Selbst ist immer präsent, selbst dann, wenn es in Persönlichkeit gekleidet ist. Aber es erscheint nur und wird nur gelebt in dem Maße, in dem die Persönlichkeit, das falsche Selbst, verschwindet. Warum haben fortgeschrittene Seelen und spirituelle Lehrer immer noch irdische Probleme? Weil sich Bewusstsein immer auch ausdrückt und das bedeutet, dass selbst das kleinste bisschen *menschliches* Bewusstsein sich als *menschli-*

ches Gut oder Böse ausdrücken wird. In dem Maße, wie spirituelles Bewusstsein sich entwickelt, verschwindet auch der Sinn für materielles Dasein.

Dass die Welt nichts Zufälliges enthält, sondern ein symbolischer Ausdruck des Wesens des Schöpfers ist, ist eine überaus logische Annahme. In der Unendlichkeit von Raum und Zeit drückt sich auch die Unendlichkeit des wahren Wesens des Schöpfers aus. Die zentrale Rolle von Generationen und vor allem Familien zeigt uns ebenso wie die Evolution, dass es auch im Geistigen Entwicklung gibt. Wenn das Alte stirbt, kommt das Neue. Wer könnte zweifeln, dass jene erleuchteten Wesen, die „der Welt gestorben sind, denen die Welt gestorben ist", im Geistigen eine neue Geburt erfahren, zu neuer Größe gelangen und auf eine neue Stufe steigen? Dies ist der tiefe Sinn der Kreuzigung und Auferstehung zu neuem, höheren Leben. Das von White Eagle benutzte Bild des Menschen als eines „Embryo-Gottes" ist zweifellos besonders treffend. Wie viele von den „Embryo-Göttern" werden auf der Erde erwachsen? Langfristig alle.

Das reine, unbegrenzte Bewusstsein, der eine Geist, nimmt eine bestimmte Identität an, begrenzt sich selbst als Körper und Verstand, als getrenntes, „kleines" Selbst. Das allein existierende, reine, göttliche Bewusstsein nimmt für eine gewisse Zeit eine begrenzte Identität an. Es sieht sich als Körper und Verstand und macht Erfahrungen in der dualistischen Welt. Das begrenzte, kleinere Selbst ist also nicht wirklich etwas vom größeren, wahren Selbst Getrenntes, sondern es erscheint sich nur selbst als getrennt. Das bedeutet, wirklich existierend, wirklich seiend, ist nur das reine Bewusstsein, das wahre Selbst. Die Person, das kleinere Selbst ist eine bloße *Aktivität* des reinen Bewusstseins oder reinen Seins. Wir alle spielen also bestimmte Rollen, so wie ein Mensch als Schauspieler eine bestimmte Rolle spielt, die aber nichts an dem ändert, was er in Wirklichkeit ist. In Wirklichkeit ist er nicht diese Person, nicht diese Rolle. Dennoch muss es einen tiefen Sinn geben, der diese Rollenspiele nötig macht. Dieser Sinn kann nicht die Entwicklung des Seienden sein, denn wir *sind* reiner Geist, wir *sind* Bewusstsein, aber über den Weg der dualistischen Erkenntnis, der Entfernung von unserem wahren Wesen gelangen wir zu vertiefter Selbsterkenntnis. Das, was White Eagle als „Embryo-Gott" bezeichnet, wird ein verantwortungsvoller Erwachsener, der in dieser kosmischen Evolution eine Funktion hat. Während sich unsere innere Substanz niemals ändern kann, während wir immer Geist bleiben, wächst doch unsere Kraft und Fähigkeit, zu verstehen und zu fühlen, zu erkennen und zu lieben. So könnte man sagen, dass eine neue Dimension des Verstehens hinzukommt, insofern, als wir immer bewusst waren, aber nun dahin kommen, uns bewusst zu sein, dass wir bewusst sind. Man könnte auch formulieren: Wir verstehen, was es eigentlich heißt, zu *sein*, was es eigentlich heißt, *bewusst zu sein*. Um noch einmal die biblische Familienmetaphorik zu verwenden: Das Baby hat keine Vorstellung von sich selbst; es nimmt nur in aller Unschuld (und ohne jede Verzerrung durch den Verstand) wahr. Aber es kennt auch nur sich selbst und könnte sich daher nicht um andere kümmern oder Verantwortung übernehmen. Der Erwachsene sieht sich und andere von außen. Er bekommt eine vermeintlich objektive Vorstellung von sich und anderen, aber er büßt seine Unschuld ein, er verliert die ursprüngliche Wahrheit und erlebt eine verzerrte Realität. Wenn er nun als Erwachsener, der in der Lage ist, sich selbst von außen zu sehen, gleichzeitig auch wieder die Unschuld des Babys findet, dann ist seine Erkenntnis, dann ist sein Selbstverständnis etwas Ganzheitliches. Es ist nun ein bewusstes „wie innen, so außen". Das Baby hatte nur ein unbewusstes „wie innen, so außen". Gewissermaßen ist dies ein hermeneutischer Zirkel des spirituellen Lernens. Wie viele dieser Zirkel muss man durchlaufen, bis die Selbsterkenntnis wirklich fest verankert ist?

Der Wert des Advaita Vedanta-Weges beruht darauf, dass er zu einem Zustand der spirituellen Freude führt, in dem, wie die Atma Upanishad sagt, das Unreine gereinigt wird. Beispielsweise sagt Mooji, dass der Verstand zu persönlich geworden ist. Um gesund und effektiv zu sein, muss der Verstand von allem Zwanghaften und Persönlichen gereinigt werden. In einem Zustand dauernder Präsenz lösen sich alle negativen Energien allmählich von alleine auf. Dies ist die „Reinigung". Rupert Spira sagt, dass dieser Reinigungsprozess, der Prozess der Stabilisierung im wahren Wesen, ein prinzipiell endloser Prozess ist. Das, was sich an Erinnerungen und Informationen in den „Koshas" eingeprägt hat, löst sich, wenn man im Jetzt, im reinen Bewusstsein, verweilt, allmählich auf, so wie hartnäckige Flecken in einem Kleidungsstück durch mehrmaliges Waschen immer mehr verschwinden.

Diese Reinigung von Negativem bezieht sich auf jede Form von Schmerzen. Besonders tief eingeprägt in der Persönlichkeit sind traumatische Ereignisse, die kollektiv sein können und ganze Völker oder Familien betreffen, oder individuell. „Persönlichkeit" bedeutet, dass sie im Gedächtnis und auch im Körpergedächtnis verankert sind. Heilung findet statt, wenn wir uns, unser wahres Selbst wiederfinden und vom Standpunkt dieses Selbst, vom Standpunkt des reinen Bewusstseins aus, diese Verletzungen wahrnehmen, was in der Meditation geschehen kann. In der Regel benötigen tiefe Verletzungen auch längere Zeit, um geheilt zu werden. Die erstaunlichen Spontanheilungen, die teilweise nach Nahtoderfahrungen stattgefunden haben, lassen sich durchaus auch auf diesem Wege erklären, denn durch die Rückkehr des Geistes dieses Menschen in sein größeres Selbst – wenn auch nur für kurze Zeit - werden körperliche und seelische Verletzungen unter Umständen gewissermaßen weggespült.

Bruno Gröning hat gesagt, dass jemand, der in meditativer Stille zu geistiger Vollendung gefunden hat, diese immer noch im Strudel eines aktiven Lebens bewähren muss. Man muss diesen Weg der Selbsterkenntnis so oft gehen, bis man selbst im allerwildesten Lebensstrudel, wo „von außen" alles nur Denkbare aufgeboten wird, um einen in Gefühle, Gedanken und Identitäten hineinzuziehen, dennoch im wahren Selbst verankert und gegründet bleibt, sodass man immer, wenn man gefragt würde „Wer bist du?", ganz spontan und natürlich antworten würde: „Ich bin reines Bewusstsein, reiner Geist, der Urquell allen Lebens" - und nicht eine Sekunde daran denken würde, zu antworten: „Ich bin Max Müller, ich bin dieser Körper und dieser Verstand".

Die Seele (der Geist, das reine Bewusstsein) muss in der Lage sein, sich durch alle Hüllen hindurch, durch die fünf Koshas hindurch, durch die materielle Welt hindurch, durch die Astralwelt hindurch, stets selbst zu erkennen und sich seiner selbst bewusst zu bleiben. Denn es geht nicht darum, eine Ebene der Realität zu vernichten oder aufzulösen, sondern alle Ebenen zu umfassen und sich der Hierarchie des inneren Kosmos immer bewusst zu sein, niemals das Kleinere für das Größere zu halten, sondern stets das Größere zu *sein* und das Kleinere nur zu tun oder es geschehen zu lassen. Wer fest im Geist gegründet ist, muss im Materiellen handeln können, ohne sich mit dem Materiellen zu identifizieren.

Die vom göttlichen Geist geschaffenen fünf Hüllen oder Koshas sind an und für sich noch keine Abwendung von Gott. Allerdings steigt mit jeder weiter außen gelegenen Hülle (also am meisten mit der materiellen Hülle, dem „Nahrungskörper"), die Gefahr oder Wahrscheinlichkeit, sich vom Selbst oder von Gott abzuwenden. Daher ist es eben auch eine besondere geistige Entwicklung oder „Leistung", wenn man sich auf der irdischen, materiellen Ebene wieder auf seinen göttlichen Ursprung zurückbesinnt. Umgekehrt ist es vollkommen logisch, dass, egal wie weit man sich von seinem Ursprung oder Kern glaubt entfernt zu haben, dennoch dieser Kern immer da ist und immer verfügbar ist. Wie im Gleichnis vom verlorenen Sohn ist natürlich die Freude besonders groß, wenn man aus dem Zustand der totalen Entfremdung und Verlorenheit wieder zum Selbst zurückfindet. Hier sieht man, dass die fünf Koshas als Lerninstrumente angelegt sind. Da aber alles, die ganze Schöpfung, von Gott oder dem Selbst ausgeht, ist es auch logisch, dass man auch in der materiellen Vielheit immer wieder zur Einheit und zum Selbst zurückkehren kann. Wie sollte auch die Schöpfung ohne den Schöpfer da sein? Er muss da sein und er muss in ihr sein. Der Schöpfer kann kein Zweites sein. Das ist der Grund, warum der Schöpfer, Gott, das Selbst, für uns immer innerlich erreichbar ist. Und nicht nur das: Er ist unser tiefstes, wahres, vergessenes, nicht realisiertes Wesen. Der verlorene Sohn kehrt nach Hause zurück, zu seinem Ausgangspunkt, aber er kehrt verändert zurück: als realisierter, „selbst-leuchtender" Geist (auf Englisch: „self-luminous").

Da es vom sogenannten erleuchteten Standpunkt aus gesehen keine Zeit gibt, wird von diesem Standpunkt aus auch jede Art von Entwicklung zwangsläufig verneint und dann entstehen so Sätze wie: „Jeder ist schon erleuchtet" usw. Auch wenn der ewige Kern des Menschen und der Welt unveränderlich ist, so manifestiert er sich dennoch in Vielheit und in Veränderung und sein ganzes Wesen *umfasst diese beiden Pole*: Einheit und Vielheit, Ewigkeit und Veränderung. Die spirituelle Entwicklung ist nun nicht dieselbe Entwicklung wie die Veränderung von materiellen Erscheinungen in der Zeit, aber sie ist doch analog zu ihr, insofern als es zu einer *vertieften Erkenntnis* seiner selbst und der Welt kommt. Dies ist für den Verstand ein Paradoxon: Das, was ewig in der Gegenwart ist, vertieft und verändert sich dennoch, dadurch, dass es sich selbst als in der Zeit „ausgebreitet" erlebt. Liebe, geistige Kraft und Wissen realisieren sich immer mehr und wachsen insofern und entwickeln sich. In einer Nahtoderfahrung heißt es auch, dass geistiges Wachsen nur auf der Erde, also in der Zeit, möglich ist.

Wenn sich das absolut Existente ganz mit dem bloß relativ Existenten identifiziert, also das „Selbst" mit der „Welt" (und zur Welt gehören auch der Körper, die Gedanken usw.), wenn das absolut Existente vergisst, was es ist, dann „vergisst Gott sich selbst". Aber das relativ Existente ist eben *relativ* existent; es ist nicht etwa nicht existent. Wenn diese falsche Identifikation geschieht, kann das relativ Existente (die Schöpfungen des reinen Geistes) degenerieren und sich von seinen Urbildern entfernen: Das ist das „Böse". Das Böse ist letztlich einfach nur das sich als getrennt Wahrnehmende. Wie ist es möglich, dass Menschen sich hassen? Sie erkennen hinter all den Schleiern und Schichten aus „Persönlichkeit" und falschen Identifikationen nicht mehr ihr eigenes wahres Wesen und auch nicht mehr das wahre Wesen des „Anderen" – und daher auch nicht ihre Identität mit dem „Anderen". Wenn Menschen einander verletzen, egal ob physisch oder emotional, wird immer nur die vergängliche, zeitliche Manifestation des ewigen, wahren Wesens verletzt, denn dieses selbst kann nicht verletzt werden. Dieser Gedanke sollte es uns auch leichter machen, zu verzeihen. Echte Vergebung ist nur möglich, wenn man sich auf sein wahres, unverletzliches Wesen besinnt. Man kann auch extreme Formen des Bösen mit einer Getrenntheit oder Abtrennung von Gott oder dem wahren Selbst erklären. Das hat damit zu tun, dass die Trennung immer stärker und stärker werden kann, indem sie aus vielen Schichten besteht, die sich überlagern. Dies merkt man auch bei einem seelisch-geistigen Heilungsprozess, wo unter den Schichten der Verletzung immer weitere Schichten von Verletzung und Widerstand auftauchen. Durch Zeit, durch psychologische Zeit, vervielfachen sich die Schichten und werden dichter. In der Gegenwart und in Gegenwärtigkeit lösen sie sich auf: Schichten der Trennung, Schleier, die das wahre Wesen verdecken.

„Heilung" ist die Rückkehr in die Wahrheit. Das Gegenteil, die Lüge, geht vom Bösen aus, insofern als ein „vielfach getrenntes" geistiges Wesen möglicherweise versucht, andere Wesen weiter „hinabzuziehen". Diese Verführung durch „das Böse" wird mythologisch durch die Vorstellung dämonischer Kräfte (Asuras) ausgedrückt. Es ist insofern eine sinnvolle Vorstellung, als die Trennung oder Abwendung vom Einen, vom wahren, ursprünglichen Wesen etwas ist, das man sich als prinzipiell mehr oder weniger „vielschichtig" vorzustellen hat. Der Teufel würde insofern die maximale Getrenntheit eines geistigen Wesens von seinem Ursprung (symbolisch) repräsentieren.

Es gibt kaum ein besseres Bild für die Realität als ein Schauspiel oder Drama. Denn dieses kann ohne Polaritäten nicht existieren: Es muss Gut und Böse, Schurken und Helden geben, aber egal, wie böse der Schurke und wie gut der Held ist, es bleibt ein Schauspiel, ein bloßes Bild, eine sekundäre, projizierte Realität. Sind Held und Schurke nicht beide Gefangene des Schauspiels und ist nicht allein der frei, der das Schauspiel als solches betrachten und genießen kann? Eine Besonderheit ist allerdings, dass auch der „Befreite", der das Schauspiel als Ganzes betrachtet, immer noch eine Rolle in ihm hat, aber er weiß jetzt, dass es nur eine Rolle ist.

Der Prozess der geistigen Entwicklung lässt sich auch mit Hilfe des folgenden Bildes veranschaulichen: Du bist Licht, so wie die Sonne. Aber du weißt nicht, dass du Licht bist. Du blickst von dir weg und siehst Objekte, die leuchten (so wie Planeten), und verstehst nicht, dass die Quelle des Lichtes, in dem sie leuchten, du selbst bist. Du identifizierst dich ganz mit diesen scheinbar selbstleuchtenden Gegenständen, denn du siehst nur *ihr* Licht. Es scheint kein anderes Licht zu geben. Da sie aber nicht deine wahre Realität sind und es dir scheint, als sei die Welt nicht eins, sondern aufgespalten in verschiedene leuchtende Objekte, verlierst du dein Gefühl von Einheit und Verbundenheit und dein Gefühl der Freude und des Glücks. Nachdem du aber festgestellt hast, dass die Gegenstände nicht selbst leuchten und dich niemals glücklich machen können, änderst du deine Blickrichtung nun wieder und schaust nicht mehr nach außen auf die Gegenstände sondern verfolgst das Licht, das sie beleuchtet, zurück zu seiner Quelle. Du stellst fest, dass nur du selbst diese Quelle bist. Ohne dein Licht würden auch die Gegenstände kein Licht reflektieren und verschwinden. Aber dein Licht ist ewig, es gibt keine Welt ohne dein Licht. Du bist die Sonne. Im Kosmos gibt es unendlich viele Sonnen. Das Wesen der Sonnen ist Licht. Es gibt nur Licht. Das Wesen der „Bewusstseine" ist Gott. Es gibt nur Gott.

LIEBE UND SCHÖNHEIT

Schönheit ist das Erleben und Erkennen des Selbst, Gottes, in etwas scheinbar Äußerem. Das Erlebnis der Schönheit bedeutet auch, dass die Dualität vorübergehend überwunden wird oder verschwindet. Ebenso ist auch wirkliche Liebe die Liebe des Selbst, Gottes, *im Anderen*. Insofern sind die Erfahrungen von Schönheit und Liebe miteinander verwandt, indem sie beide die scheinbare Dualität für eine gewisse Zeit überwinden. Liebe empfinden wir allerdings für ein anderes bewusstes Wesen, während Schönheit sich in allem finden kann, vom Bewussten, Entwickelten bis hin zum Unbelebten. Allerdings verlieren in solchen Momenten gerade die Begriffe „Anderer" oder „unbelebt" ihre Bedeutung: Nichts ist dann „anders" oder verschieden von uns, nichts ist unbelebt, sondern alles vibriert im gleichen lebendigen, allumfassenden Licht des Geistes.

Liebe und Schönheit lassen sich erklären mit dem Durchschauen der Vielheit, lassen sich erklären mit der Einheit-in-der-Vielheit. Aber sind Liebe und Schönheit deshalb nur Mittel zum Zweck? Ganz gewiss nicht. Liebe und Schönheit sind um ihrer selbst willen da, sind Ausdruck, in gewissem Sinne könnte man sagen „Blüte" des göttlichen Wesens: das Glück der Verbundenheit in der Vielheit, das ohne Vielheit nicht möglich wäre. Darum muss man auch nicht immer nur vom „Weg" reden, so als sei der „Weg der Liebe" ein Weg, der unbedingt irgendwohin führen muss, der nur um eines Zieles willen da ist, sondern die Liebe *ist* das Ziel. Advaita Vedanta sagt, es gibt noch ein *höheres* Ziel; aber ich würde sagen, es gibt noch *andere* Ziele.

Die Einsicht, dass alles Dualistische, also alles in der Zeit nacheinander Geschehende oder alles, was sich hier oder dort im Raum befindet, nicht „ich" bin, nicht meine wahre Identität sein kann, ist die tiefe Einsicht zu der Vedanta oder der direkte Pfad führen. Die in Nahtoderfahrungen beschriebene Realität ist aber *nicht in dieser Art* dualistisch. Auf der astralen oder geistigen Ebene gibt es - so wird beschrieben - keine Zeit, so wie wir sie kennen, und auch keine räumliche Trennung, so wie wir sie kennen. Aber „ich" bin immer noch „ich". Meine Verbindung zu anderen Wesen aber ist direkter und ich fühle mich der Umgebung zutiefst verbunden, ich erlebe sie als besonders schön und lebendig. Das Gefühl der Liebe und das Gefühl der Schönheit sind auf der astralen Seite viel tiefer und das, was wir hier erleben, ist nur ein sehr schwacher Widerschein davon.

Rupert Spira bringt es auf den Punkt, wenn er sagt, dass die Abwesenheit von Dualität, Trennung oder dem Gefühl des Andersseins identisch ist mit der Erfahrung von Liebe und Schönheit, da sich in dieser Erfahrung jede Unterscheidung zwischen dem Selbst und einem Objekt, dem Anderen, aufgelöst hat. So gesehen sind Liebe und Schönheit die eigentliche Natur des Bewusstseins. In der bekannten Erfahrung von Liebe und Schönheit bekommt das Bewusstsein einen Vorgeschmack seiner eigenen ewigen, unendlichen Wirklichkeit.

Keine Liebe ohne Vielheit - keine Liebe ohne Einheit - keine Liebe ohne Einheit-in-der-Vielheit.

ERLEUCHTUNG

Die unerlöste Welt ist die Welt, in der das Selbst (Atman) sich mit Dingen identifiziert und meint, es sei diese. Zu diesen Dingen gehören auch der Körper und der Verstand. Der erwachte Mensch hat diese Identifikation aufgegeben. Verschwindet deshalb die Welt? Nein, sie ist noch da und zwar auf allen Ebenen. Ihre Erlösung besteht nicht darin, dass sie verschwindet, sondern darin, dass in dem Bewusstsein, in welchem sie dasteht, keine Disharmonie mehr ist, denn Disharmonie entsteht durch Unwissenheit. Unwissenheit bedeutet, nicht zu wissen, was man in Wahrheit ist. Das Ich ist der Schöpfer der Welt und doch bleibt es, wenn es sich selbst erkannt hat, von der Welt unberührt. Darum heißt es in den Upanishaden, dass das Selbst rein ist und das Unreine reinigt.

Am Ende der Atma-Upanishad heißt es, dass das höhere Selbst „das Unreine reinigt". Dies ist überaus wichtig. Auf dem Standpunkt des reinen Bewusstseins zu sein, im ewigen Jetzt zu sein, ist etwas, das uns mit tiefer Freude erfüllt und diese Freude ist das Ziel unseres Weges. Und doch geschieht, während wir in dieser Freude verweilen, auch noch etwas spirituell Wichtiges: Denn sehr viel „karmischer Ballast" hat sich angesammelt, und zwar auf vielen Ebenen (ob man diese nun als die „drei Körper" oder die „fünf Hüllen" bezeichnet, ist gleichgültig). Erleuchtung ist also eine Gnade, die über die Freude hinaus noch mehr Gnaden mit sich bringt. Eckhart Tolle sagt, dass im Jetzt präsent zu sein, sehr viel negative Energie verbrennt. Niemand weiß, wie lange es dauert, all diese gespeicherten Erinnerungen, Ansammlungen usw. aufzulösen und im „weißen Feuer" des reinen Bewusstseins zu verbrennen. Der Zustand der Präsenz ist also schon das Ziel und doch hat er gleichzeitig auch in größeren Zusammenhängen eine Funktion. So wie es jenseits aller wissenschaftlichen Kenntnisse immer noch Unbekanntes gibt, so mag es auch jenseits jeder erreichten Bewusstseinsstufe oder geistigen Entwicklungsstufe immer noch weitere Schritte oder Möglichkeiten geben.

Erleuchtung ist ein anderes Wort für „geistige Gesundheit" und das ist es, was man z.b. mit buddhistischen Meditationsmethoden erreichen kann. Es ist eine Art geistiger „Reset". Alle schädlichen Programme werden gelöscht. Es ist ein glücklicher Zustand. Dieser glückliche Zustand ist der normale, gesunde, natürliche Zustand. Alles, was darüber hinausgeht, alle höheren Fähigkeiten, können nur segensreich sein in einem Menschen, der zunächst einmal diese geistige Gesundheit erreicht hat. Geistige Gesundheit ist der erste Schritt und aus unserer Sicht, die wir alle im spirituellen Sinne *nicht* geistig gesund sind, ist es ein Schritt in eine andere Welt. Wenn aber jemand, der noch nicht diese geistige Gesundheit oder Reife erreicht hat, dennoch höhere Fähigkeiten erhielte, würde ihn ein Schicksal ereilen, wie das des jungen Anakin Skywalker und er würde ebenso großen Schaden anrichten.

Wenn Erleuchtung letztlich nur „geistige Gesundheit" ist - also Gesundheit des Geistes in einem umfassenden Sinne, dann muss man definieren, worin die „Krankheit" des Geistes besteht. Die „Krankheit" des Geistes besteht darin, dass sich der unendliche, freie Geist vollkommen in seinen Schöpfungen verstrickt und meint, er *sei* irgendetwas von dem, was nur durch sein „Licht" existiert: Er *sei* sein irdisches Leben, er *sei* der Körper, der Verstand usw. Wenn diese „Krankheit" überwunden ist, verschwindet nicht die Welt - aber sie wird endlich klar und unverzerrt gesehen. Die Welt, der Fluss der Ereignisse, hört nicht auf - das Leben geht immer weiter, Entwicklung und Wechsel bleiben seine Grundprinzipien. Dies ist die *Magie des Seins,* das immer neu und vielgestaltig sich bildet. Jenseits der zu erlangenden „geistigen Gesundheit" liegt das für uns nicht Erfassbare, Kreative, Magische, liegen tiefe und große Zusammenhänge, von denen das Ego noch nicht einmal etwas ahnt. Aber der große und wichtige Schritt, den wir hier auf der Erde tun müssen, ist der Schritt zur Freiheit des Geistes, zur Erkenntnis des Selbst als reines Bewusstsein, als waches Gewahrsein. Dieser Schritt ist am leichtesten zu erreichen über die Lehren des Advaita Vedanta.

Ein erleuchteter Mensch hat den Standpunkt der *Person,* die eine recht oberflächliche Ausprägung des Einen Geistes ist, als bloßes Spiel an der Oberfläche durchschaut und er oder sie erlebt sich deswegen auch nicht mehr als Person (oder zumindest in viel geringerem Maße). Natürlich erlebt er sich durchaus auch als Mensch, aber sogar dieses Selbst-Erleben als Mensch *ist zurückgetreten hinter* das Selbst-Erleben als reines, präsentes Bewusstsein, das eine viel tiefere, die wohl die tiefste Schicht unseres Wesens ist. Dieses Gefühl des „Das bin ich wirklich" überstrahlt nun jedes andere Gefühl von „Das bin ich auch".

Der Erleuchtete sagt: Ich glaube nicht, dass dieser Körper mein ist, aber ich glaube auch nicht, dass er nicht mein ist. Daher hat der Erleuchtete großes Gottvertrauen, großes Vertrauen in die Intelligenz, die über allem steht und ihn auf seinem Weg führt. Alle Dinge kommen und gehen, selbst physische Körper kommen und gehen. Aber voller Gottvertrauen glaubt er, dass das, was immer kommt und geht, immer nur das Richtige sein kann.

In christlicher Sprache heißt „Erleuchtung" „von neuem geboren werden" oder „aus Wasser und Geist geboren werden" oder auch „aus Gott geboren [sein]". Darüber hinaus gibt es lateinische Formulierungen wie „unio mystica" oder „visio essentiae Dei", oder auch die oben genannten Begriffe Meister Eckharts („Durchbruch zur Gottheit", „Gottesgeburt im Seelengrund"). Viele Bilder für das Unnennbare sind besser als nur ein Bild.

Ob erleuchtet oder nicht erleuchtet: *Jeder* hat das ewige Leben, aber nur der Erleuchtete weiß es auch und nur der Erleuchtete spürt es auch. Nur er ist von psychologischer Zeit befreit und wirklich ganz in der Gegenwart. In diesem Sinne hat nur er das ewige Leben. Und im selben Sinne ist er auch frei von Karma und frei von Form.

Der Erleuchtete hat mit seinem ganzen Wesen wirklich verstanden und durchschaut, dass diese Welt eine symbolische Projektion eines falschen, oder zumindest begrenzten Glaubens ist. Deswegen ist sie bestimmt von Furcht und Mangel. Der Erwachte hat aber die Stufe der Erlösung von der Welt erreicht, daher erscheint sein Zustand in den Beschreibungen dieser Menschen zunächst einmal als etwas gewissermaßen Negatives als ein bloßes Verschwinden der Illusionen. Die Tür ist nun geöffnet für etwas Neues, aber dieses Neue ist noch nicht da. Es ist die höhere Bewusstseinsstufe, die strahlendere Verwirklichung des Geistes. Sie ist „nicht von dieser Welt", sie ist höher als diese Welt, aber hin und wieder können wir einen Blick auf sie erhaschen.

Der Schritt zur Befreiung durch die Erkenntnis der Nicht-Dualität, ist der wichtigste, den wir hier gehen können. Und doch ist er nicht der letzte Schritt. Kein Schritt ist der letzte.

Durch mein Erwachen wird die ganze Welt in mir frei, wird alles frei. Ich erlöse also die ganze Welt. Das ist die eine Seite der Wahrheit, die andere ist, dass ich ein infinitesimal kleiner Impuls bin im Erwachen einer sehr großen Welt.

Es hat im Laufe der Weltgeschichte schon viele Erleuchtete gegeben und dennoch besteht die Welt der Vielheit fort. Wenn nun der eine Erlöste wirklich in vollumfänglichem Sinne „Gott" und „alles" gewesen wäre, wären wir ja nicht mehr da. Diese Tatsache beweist, dass das von sich selbst als „ganz" und „göttlich" empfundene Einzelbewusstsein eben tatsächlich nur eine Ausprägung des großen göttlichen Bewusstseins ist, welches fortbesteht. Wenn es einer Widerlegung des Solipsismus bedürfte, wäre sie durch das Fortbestehen der Welt trotz erleuchteter Menschen gegeben. „Ich und der Vater sind eins" ist eine wahre Erkenntnis, die aber, wenn man sie hört, missverstanden werden kann.

Solange wir vom Verstand beherrscht werden, ist unser Leben ein ewiges „What next?". Diese Frage ist tief verwurzelt im Lebensgefühl jedes nicht erwachten Menschen. Wenn man z.B. Lehrer oder Schüler ist, benötigt man ständig neuen *input*, neue Methoden usw., damit der Unterricht lebendig bleibt. Es geht nur darum, den Verstand zu füttern. Führt man exakt denselben Kurs mehrmals durch, kommt es zu „Abnutzungserscheinungen" und die Schüler spüren, dass der Lehrer nicht mehr innerlich beteiligt ist. Genau diese Phänomene gibt es bei erwachten spirituellen Lehrern nicht: Sie können tausendmal über dasselbe Thema sprechen und es ist jedes Mal so frisch und neu wie beim ersten Mal. Warum? Weil sie immer wirklich präsent sind. Ihre Lehre, ihre Worte kommen nicht vom Verstand, sondern aus der Stille. Die Lehre selbst ist ohne Zeit.

Ein „erleuchteter" Mensch ist ein Kenner seiner selbst, ein „Wissender". Wenn nun, woran kein Zweifel bestehen kann, der göttliche Plan darin besteht, dass alle Menschen „Wissende" werden, dann ist es ebenso gewiss, dass ein erleuchteter Mensch in der „geistigen Hierarchie" aufgestiegen ist. Das bedeutet, dass er für mehr andere Wesen verantwortlich ist, dass er vielen hilft, vielleicht auch dass er größere Schöpferkraft erhält.

Der erwachte Mensch erkennt: „Ich bin nicht diese Form, ich bin jenseits der Form, Brahman". Aber dies ist nur die eine Seite der Wahrheit, das Erkennen der Einheit in der Vielheit. Dieser Aspekt der geistige Realität steht nun in großer Klarheit vor diese Seele. Wenn eine Seele dies erkennt, löst sich dann der geistige Kosmos auf? Das tut er, wie wir alle wissen, nicht, sondern die Vielheit, die Vielheit in der Einheit, bleibt gleichzeitig bestehen. Allerdings sind Erleuchtung und kosmisches Bewusstsein nicht dasselbe. Erleuchtung heißt zu sagen: „Alles ist eins und ich bin alles". Kosmisches Bewusstsein heißt: „Es gibt unendliche Vielheit und diese Vielheit überblicke ich, es gibt nichts, was ich nicht weiß und nicht sehe". Diese Erfahrung wird in Nahtoderfahrungen beschrieben. Hellsichtigkeit wiederum ist eine Art von erweitertem Bewusstsein, eine Zwischenstufe zwischen unserem begrenzten Bewusstsein und kosmischem Bewusstsein. Hier mag es viele Abstufungen geben.

Die Tatsache, dass es heute einige weltweit bekannte erwachte spirituelle Lehrer gibt, führt leider auch dazu, dass manche Menschen glauben, dass das Erwachen etwas sehr Seltenes und schwer zu Erreichendes ist, das unter Milliarden Menschen nur ganz wenigen „Auserwählten" zuteil wird. Aber es wäre viel hilfreicher, wenn dieses Thema, „Erleuchtung", gewissermaßen „demokratisiert" und „entmythologisiert" würde. Die wenigen bekannten großen Lehrer sind überhaupt kein „Maßstab" für uns, für unsere Entwicklung und unser Erwachen. Es gibt möglicherweise nicht wenige Menschen, die auf unspektakuläre Weise aufwachen und denen man diese tiefgreifende innere Veränderung äußerlich nicht allzu sehr anmerkt. Nicht jeder „Erwachte" wird nach seiner Befreiung selbst zum Lehrer. Ein weiteres Problem ist die Komplexität der hinduistischen Philosophie mit ihren zahlreichen „Kunstwörtern"; sie kann im schlechtesten Fall leider auch zu einem Hindernis werden. Erleuchtung ist (intellektuell gesehen) etwas Einfaches, ein tiefes Loslassen, das jedem Menschen grundsätzlich zugänglich ist.

Welche Bedeutung das Erwachen in einem transzendenten Kontext hat, ist nicht letztgültig zu beantworten - wobei aber einiges dafür spricht, dass diese Bedeutung sehr groß ist. „Erleuchtung" heißt, die äußersten, entferntesten Enden oder Pole unseres Wesens miteinander zu verbinden und in diesem Sinne geistig „ganz" zu werden, indem man nämlich im Zustand der größtmöglichen Trennung und Vereinzelung, der mit unserem physischen Leben (unserem „Inkarniert-Sein") unmittelbar zusammenhängt, die vollkommene Einheit unseres Selbst mit allen Dingen und Wesen wiederentdeckt. Erleuchtung fügt uns, unserem wahren Wesen, insofern zwar nichts hinzu, aber sie bedeutet vollkommene Selbsterkenntnis als Einheit-in-der-Vielheit. In der Vielheit und Getrenntheit der physischen Welt erkennen wir uns selbst als Einheit.

An dieser Stelle ließen sich noch einige weiterführende, wenngleich eher spekulative Gedanken anfügen: Wenn wir uns selbst auf diese Weise einmal erkannt haben, dann ist es auch denkbar, dass wir dann den Weg zwischen Einheit und Vielheit, zwischen allgemeiner Essenz und Individualität *bewusst* gehen können, dass wir uns entscheiden können, etwas Individuelles, eine Identität, zu erschaffen, ohne jedoch darüber zu vergessen, dass wir dieses Einzelne, Individuelle nicht sind. Ebenso gut könnten wir uns aber auch entscheiden, nichts Individuelles oder Einzelnes zu erschaffen, sondern als unser wahres Wesen zu verharren. In jedem Fall schenkt uns diese Bewusstwerdung *Freiheit. Unwissen und Unbewusstheit erzeugen Unfreiheit und Unfreiheit erzeugt Leiden.* Erleuchtung bedeutet in jedem Fall einen Wendepunkt, an dem man von der Vielheit zurückkehrt zur Einheit. Von diesem Standpunkt der Freiheit aus ist man frei, in der Einheit zu bleiben oder auch in die Vielheit zurückzukehren. Aber das *Wissen* um die Einheit in der Vielheit *bleibt*, wenn es wirklich tiefgehend und fundamental ist. Wenn dieses Wissen hingegen nicht tief genug verankert ist, nicht vollkommen ist, müssen wir den Weg zwischen Einheit und Vielheit vielleicht noch öfter gehen. Aber das intuitive Wissen um die Einheit in der Vielheit nimmt im Laufe der geistigen Evolution immer mehr zu.

Wenn mit der Erleuchtung die Individualität ganz verschwinden würde, dann würden auch alle erleuchteten Lehrer ganz gleich lehren. Was wir aber sehen, ist, dass die Unterschiede überaus groß sind und sehr gefärbt von der Persönlichkeit. Rupert Spira ist ganz analytisch, ein erwachter Philosoph. Mooji ist viel emotionaler und viel näher am Bhakti-Weg, am Beten und Danken. Sadhguru lehrt auf unterhaltende, humorvolle und überaus geistreiche Weise. Eckhart Tolle schließlich tritt mit charakteristischer Bescheidenheit auf: Indem er sich in keine Tradition eingliedert, ist seine Lehre, zum Beispiel in *Stillness Speaks,* von einer großen Reinheit und Universalität. Erleuchtung heißt ja gerade, dass die Dinge so sein dürfen, wie sie sind: Dazu gehört auch die Individualität. Es gibt eben *keinen* Zwang mehr, die individuelle Person zu „entwickeln" und nach einem bestimmten

Ideal auszurichten. Der „Zwang des Persönlichen" verschwindet in mehr als einem Sinne.

Die Behauptung, Erleuchtung sei ein Zustand und keine Erfahrung, ist zumindest von einem gewissen Standpunkt aus nicht richtig, denn verschiedene Menschen, z.b. auch Sadhguru, haben von einem vollständigen Vergessen von Raum und Zeit berichtet, das aber irgendwann endete. Sadhguru und Eckhart Tolle berichten, dass nach einer gewissen Zeit, während der sie nicht normal funktioniert haben, wo vielleicht ein vollständiges Vergessen von Zeit und Raum statt hatte, sie allmählich, ähnlich wie Menschen mit Nahtoderfahrung, sich wieder an das Zurechtkommen mit der Realität gewöhnten und einen Anpassungsprozess durchlaufen hatten. Ein wenig scheint es so zu sein, dass zwar gewissermaßen eine tiefe *Erfahrung* stattfindet, dass aber diese Erfahrung mehr ist und anders ist als alle anderen Erfahrungen, weil sie Veränderungen zeitigt, die nicht die Person betreffen, sondern „den Ort jenseits der Person", die uns dauerhaft auf einen „höheren", freien Standpunkt jenseits der Person heben. Es ist eine Erfahrung, die *die Art und Weise unseres Erfahrens der Welt und unserer selbst* auf immer ändert.

GOTT UND SCHÖPFUNG, BRAHMAN UND MAYA

Kann man Gott als ein Objekt erkennen? Natürlich nicht. Was als Objekt erkannt wird, ist immer begrenzt. Die einzige wahre Selbst- und Gotteserkenntnis wurde von Jesus Christus ausgedrückt mit den Worten: „Ich und der Vater sind eins".

Gott (oder Geist oder Bewusstsein) ist Einheit, ist unmanifest, ist ohne Dimension, jenseits von Raum und Zeit. Aber Er erscheint oder manifestiert sich als Vielheit in Zeit und Raum.

Wir geben uns „Gott" hin, dem reinen Geist, dem reinen Bewusstsein, Gott, dem unmanifesten, nicht dem persönlichen. Und doch erkennen wir ihn in allem Manifesten und Persönlichen. Gott ist zugleich unpersönlich und unmanifest und persönlich und manifest. Wenn er für uns *nur* persönlich ist, wird er zum Götzen und seine Anbetung ist Idolatrie, denn Gott *erscheint* zwar auch als Objekt aber er ist nicht nur Objekt: „Ich und der Vater sind eins": Gottes-Erkenntnis ist Selbst-Erkenntnis, nicht-dualistische Erkenntnis der unpersönlichen Essenz, des „Unnennbaren", des „Heiligen", des „Seins".

Wir können nur lieben, was uns glücklich macht. Da die wahre Natur Gottes Seligkeit ist, können wir auch nur Gott oder dem reinen Bewusstsein gegenüber wirklich ganz und ohne Rückhalt lieben.

Das Universum ist Gott, der vorgibt, nicht Gott zu sein. Das ist das Spiel, das Schauspiel, der Tanz des Universums, des Bewusstseins.

Die Offenbarungen der Nahtoderfahrungen, in denen die Quelle oder Gott als Licht erscheint, das die Menschen in einer nie gekannten Liebe einhüllt, entlarven den attributlosen Brahman als Irrtum und unterstreichen die zwei wichtigsten Attribute der göttlichen Erfahrung in der jenseitigen Welt: unendliches Wissen und unendliche Liebe.

Jedes Wort, das man für Gott benutzt, ist begrenzend; *jedes* Wort, das man für die wahre Realität, für die Wahrheit, benutzt, ist unzureichend. „Bewusstsein" kann auch ein begrenzendes Wort sein, denn es suggeriert, dass der Verstand es ganz versteht, dass nichts Geheimnisvolles daran ist. „Mystische" Wörter, wie „Seele" oder „Geist", suggerieren dies weniger. „Bewusstsein" ist das vermeintlich präzisere Wort, aber „Geist" ist das umfassendere Wort. Ich ziehe „Geist" vor, da „Bewusstsein" schnell mit bloßer (passiver) Wahrnehmung verwechselt wird. „Bewusstsein" klingt auch etwas steril oder leblos. Der Begriff „Geist" *beinhaltet* das Konzept „Bewusstsein" und darüber hinaus vielleicht auch Vorstellungen wie „Magie" und „Kreativität". „Magisch" heißt rational nicht erklärbar, geheimnisvoll, überraschend, kreativ, schöpferisch, wunderbar, vollkommen und doch werdend, ohne Ursache, ohne Anfang, ohne Ende. „Erwachen" ist ein Erwachen zum Magischen, zur Erkenntnis des Wunderbaren.

Nicht nur Gott ist Einheit in der Vielheit, auch das Selbst ist Einheit in der Vielheit. Nur durch „Wissen-Liebe" wird sich das Selbst seiner Einheit in der Vielheit bewusst. Nur dadurch verwirklicht es die ursprüngliche Freude (sein wahres „Erbteil") und nur dadurch gewinnt es wirkliche Macht. Diese „Macht des Sohnes" wird durch Christus Pantokrator symbolisiert - und nicht nur „symbolisiert". So wirklich wie Christus ist und war, so wirklich ist die Herrlichkeit Gottes und die Herrlichkeit des Selbst.

Unser wahres Selbst ist immer gleich und unberührt, von allem vollkommen rein. Dieses Selbst ist in allen dasselbe und eins. Diese Essenz bleibt, auch wenn das Selbst sich in unendlicher Vielheit erfährt. Gott erscheint sich selbst und wird viele. Sein Wesen bleibt, auch wenn er es in den Vielen nicht mehr erkennt. Gott bleibt vollkommen. Die Schöpfung bleibt vollkommen. Die einzige Evolution ist die des Wissens und der Selbsterkenntnis. Indem Er viele wird, kennt Gott sich selbst nicht mehr. Dann aber findet Er sich wieder in den Vielen, die nun Viele und doch Eins sind.

Auf der Grundlage des unbeweglichen, ewigen Brahman entsteht ein rhythmisches, zyklisches Spiel: Lila. Der Kosmos funktioniert ein bisschen wie Aus- und Einatmen: Alle Dinge kommen aus Brahman und kehren in ihn zurück. Es gibt aber auch eine Theorie, die besagt, dass beides gleichzeitig geschieht, etwa wie bei Yeats` *A Vision,* wo das geometrische Symbol der zwei übereinanderliegenden Spindeln besagt, dass wenn sich die eine ausdehnt, sich die andere zusammenzieht, wie zwei parallele Universen. Brahman ist ein persönlicher und unpersönlicher Gott. In seinem statischen Aspekt ist er unpersönlich, in seinem dynamischen Aspekt ist Brahman persönlich. Schon im statischen Brahman (dessen Attribute Wahrheit, Bewusstsein und Unendlichkeit sind) ist sein dynamischer Aspekt (der aus Wissen, Wollen und Aktion besteht) inhärent. Gott projiziert dieses Universum, indem er sein „Prakriti" (also Maya) animiert oder lebendig werden lässt.

Gottes Schöpferkraft wird in der indischen Philosophie mit „Maya" bezeichnet, was soviel heißt wie „Illusion" oder „Zauberei". Da sie sein wahres Wesen zugleich verhüllt und offenbart, da Sie zugleich existiert und nicht existiert, habe ich gesagt, dass wir in einer *magischen* Welt leben. Die ursprüngliche Realität (Atman, Brahman) liegt jenseits von Maya.

Durch das Prisma von Zeit, Raum und Kausalität ist es möglich, dass Gott sich als relativ und nicht als absolut erfährt, dass er sich als Vielheit erfährt und nicht als Einheit, dass er sich sukzessive als getrennt, verbunden und eins erfährt, bis er erkennt, dass er alles zugleich ist, was nur dadurch möglich ist, dass er die Ebenen der Realität unterscheiden kann: Dann wird der Ernst zum Spiel und Maya zu Lila.

Ein Punkt, bei dem Buddhisten, Schopenhauer und auch manche Advaita Vedanta-Lehrer irren, ist die Erklärung der Welt der Vielheit. Keineswegs ist es richtig, dass die Welt als Vielheit, als Maya oder Lila, dass die Schöpfung das Ergebnis von Unwissenheit ist oder eine Art Fehltritt, von dem man nur zurückkehren muss. Vielmehr ist die göttliche Schöpfung etwas Wunderbares, unter anderem deshalb, weil ohne sie gar keine Selbsterkenntnis, Erkenntnis Gottes oder Erleuchtung möglich wäre. Ohne die „Hypnose" durch die Welt, ohne die Unfreiheit und Abwendung von unserem wahren Wesen, von Gott, könnten wir nicht bewusst zu ihm zurückkehren, könnten wir gar keine Selbsterkenntnis erlangen. Der Mensch ist zwar in seiner Substanz göttlich und kann diese Göttlichkeit auch nie verlieren, aber das Bild des „Embryogottes" ist ein sehr passendes, um den Ausgangspunkt seiner geistigen Entwicklung zu einem selbst-bewussten, erwachsenen geistigen Wesen zu beschreiben. Es gibt durchaus im Sinne der Selbsterkenntnis eine geistige Evolution. Keineswegs ist die Schöpfung bloß eine Art Irrtum, der korrigiert werden muss, sondern die Schöpfung als Welt der Vielheit ermöglicht zweierlei: zum einen Liebe, zum anderen Schönheit. Nicht nur musste Gott viele werden, um das Geschenk der Liebe zu erfahren, sondern die Schöpfung ist auch ein Selbstzweck, ebenso wie jedes Kunstwerk ein Selbstzweck ist, also etwas, das nur um seiner selbst willen, um seiner Schönheit willen existiert. Freilich sind sowohl Schönheit als auch Liebe mit dem Gefühl der Freude verbunden, das man dementsprechend als letzten definierbaren Zweck nennen könnte.

Allerdings kann man Vedanta und Buddhismus auch anders, richtiger, verstehen, wenn man annimmt, dass es wirklich einen grundsätzlichen Irrtum gibt, der allerdings als Entwicklungsschritt unvermeidlich und letztlich segenbringend ist. Dieser Irrtum ist Teil des göttlichen Entwicklungsplans, der kosmischen Evolution. Er besteht eben darin, dass man in der Welt der Vielheit sein eigenes Wesen vor sich selbst verhüllt findet. Indem die Schöpfung unser tiefstes Wesen und das Wesen Gottes zugleich ausdrückt und verhüllt (wie in einem Bild) erkennen wir Aspekte unseres Wesens, des göttlichen Wesens, sukzessive und „dualistisch". Diese progressive Selbsterkenntnis ist der eine Teil der Selbsterkenntnis; der andere besteht darin, dass wir das grundsätzliche Arrangement, das aus wahrem Wesen und Spiegelbild besteht, durchschauen und so mit einem Blick die grundlegende Wahrheit der Einheit und Vollkommenheit, die sowohl jenseits der Vielheit ist, als auch in ihr ausgedrückt ist, erkennen. Nun sehen wir die Spiegelbilder des göttlichen Wesens und vergessen doch nie, dass es Spiegelbilder sind, Ausdrücke eines zugrundeliegenden allumfassenden, kreativen Bewusstseins und als solche letztlich nichts Zweites, nichts Getrenntes, sondern immer wir selbst, immer Gott selbst. Maya wird uns dann zu Lila, und Leid zu Freude.

Die Schöpfung verschwindet nicht. Die Illusion verschwindet und dann wird Maya zu Lila. Wer im Selbst verankert bleibt, für den ist der Prozess des Entstehens, des Daseins und des Vergehens Lila, ein Spiel. Für den, der nicht im Selbst gegründet ist und sich in der Welt ganz verloren hat, ist es Maya, tiefer Ernst.

Man kann sagen, dass Brahman sein wahres Wesen nur in der Einheit erfährt, dass wir im Tiefschlaf in unser wahres Wesen eingehen. Man kann aber auch sagen, dass *die Einheit aus Einheit und Vielheit* das wahre Wesen Brahmans und unserer selbst ist. Primär sind wir Einheit, aber sekundär auch Vielheit. „Aum" ist das Ganze, nicht nur das Materielle, nicht nur das Feinstoffliche, nicht nur das Kausale, nicht nur „m", nicht nur „u", nicht nur „a", sondern diese drei zusammen. Gott erkennt sich selbst als „Aum", als Einheit in der Vielheit und Vielheit in der Einheit. Ohne den Gegensatz, die Polarität von Vielheit und Einheit gibt es kein Sein, kein Bewusstsein, keine Seligkeit oder Liebe. Dies ist die einzige Antwort auf die Frage nach dem Warum. So ist der Gedanke der Einheit-in-der-Vielheit der tiefste aller Gedanken und die letzte Welterklärung, die uns möglich ist.

EINHEIT, VIELHEIT UND BEWUSSTSEIN

Zur Einführung möchte ich einige Seiten aus verschiedenen Kapiteln von *Eine Neue Aufklärung* zitieren.

Nachgewiesene quantenphysikalische Phänomene, wie der Beobachtereffekt und das „entanglement" deuten auf eine andere Realität hin, als die von der klassischen Physik beschriebene. Kein elementares Phänomen *ist* ein Phänomen, es sei denn, es ist ein *beobachtetes* Phänomen. Der Beobachter determiniert durch die Beobachtung das quantenphysikalische Geschehen. Hierin zeigt sich die zentrale Rolle des Bewusstseins. Das Bewusstsein erschafft die Realität so wie ein Projektor einen Film an die Wand wirft, mit dem Unterschied, dass wir viele Projektoren, viele „Bewusstseine" sind und dass der Film dreidimensional ist. Ein Kennzeichen eines solchen holographischen Universums ist, dass in jedem kleinen Teil das Ganze reflektiert ist und dass alles miteinander verbunden ist. Auf einer tieferen Ebene spielen Zeit und Raum keine Rolle mehr.

Bildlich gesprochen sind Menschen gleichzeitig getrennte „Teilchen" und verbundene „Wellen". Eine kohärente Schwingung mehrerer Personen potenziert deren Kraft. Dean Radin führt in seinem Buch *The Conscious Universe* eine große Anzahl wissenschaftlich fundierter Studien an, die diese grundsätzliche nichtlokale Verbundenheit beweisen. Ein anekdotisches Beispiel ist, dass Menschen, die einander emotional eng verbunden sind, unbewusst die starken Gefühle (z.b. physische Schmerzen) des Partners miterleben, auch wenn sie an einem ganz anderen Ort sind. Es kam in Experimenten zu synchronen messbaren physiologischen Veränderungen, z.b. zu Stresssymptomen, wie etwa erhöhter Schweißproduktion, schnellerem Herzschlag und so weiter.

Die Fibonacci-Sequenz ist überall: in der Form der Galaxien, der Sonnenblumen oder der Schneckenhäuser. Das zeigt, dass hinter dem geschaffenen Universum mathematische Prinzipien stehen. Man könnte auch argumentieren, dass die Struktur des Universums mathematischen Prinzipien folgt, *weil alles ein Produkt des Bewusstseins ist*. Die Mathematik beschreibt letztlich die Formen des Bewusstseins. Es dauerte aber sehr lange, bis in den 1970er Jahren der Mathematiker Benoit Mandelbrot erkannte, dass hinter den scheinbar chaotischen Formen der Natur in Wahrheit auch mathematische Prinzipien stecken. Der Begründer der Fraktal-Geometrie konnte zeigen, dass in der Natur das Prinzip der Wiederholung (das heißt: Eine bestimmte Form wiederholt sich immer wieder in immer kleineren Größen) bestimmend ist. Mit diesem System lassen sich Pflanzen, Flussläufe, Muscheln, letztlich einfach alles beschreiben. Interessant ist in diesem Zusammenhang auch das „Mandelbrot-Set", eine sehr komplexe Figur, die genau dieses Prinzip zeigt und die auch als Kornkreis schon gesichtet wurde. In diesem Sinne ist also die Geometrie ein Schöpfungsprinzip. Dann ist es auch nicht übertrieben, von „heiliger Geometrie" zu sprechen. Hinter scheinbar chaotischen Strukturen in der Natur, ja selbst in Landschaften und Bergen, stecken Prinzipien wie Fraktale oder die Fibonacci-Sequenz.

Es stellt sich nun also die Frage, warum in antiker Architektur, in den Pyramiden, aber auch in den Kornkreisen, symmetrische und geometrische Symbole, vor allem sich regelmäßig überschneidende Kreisformen, wie in der Blume des Lebens, aber auch Formen aus Quadrat und Dreieck sowie Formen, die den sogenannten platonischen Körpern (Tetraeder, Würfel, Oktaeder, Dodekaeder und Ikosaeder) entsprechen, eine solche Rolle spielen. Man kann argumentieren, dass diese Formen in der Natur, auch im subatomaren Bereich, die Prinzipien sind, die Formen und Organisation von Materie bestimmen. Man kann hier aber auch noch etwas tiefer denken, indem man sich Folgendes klar macht. Realität ist letztlich Bewusstsein, aber Bewusstsein, das sich repliziert, also Einheit in der Vielheit und Vielheit in der Einheit. Es gibt *ein* Bewusstsein aber zugleich viele „Bewusstseine". Es ist nun einerlei, ob man sagt: Die Schöpfungen des Bewusstseins geschehen nach bestimmten Regeln, oder ob man sagt: Alles Geschaffene (was ja nur im Bewusstsein existiert) folgt den grundsätzlichen Formen, die dieses Bewusstsein vorgibt. Alle mathematischen und geometrischen Wahrheiten sind ja im Bewusstsein präformiert (wie schon Kant wusste), das heißt, wir wissen *a priori,* dass sie wahr sind. Sie müssen sich nicht in der Erfahrung bestätigen. Daher beschreiben grundlegende mathematische und geometrische Wahrheiten die Struktur unseres eigenen Bewusstseins. Materie und die materielle Welt sind aber letztlich nur eine maximale Verdichtung des im Bewusstsein Existierenden, vom Bewusstsein Geschaffenen.

Zunächst einmal ist alles Geschaffene Information. Wir sehen ja auch, dass in materiellen Strukturen, und zwar in allen, Informationen gespeichert sind; sehr komplexe, wie etwa in einer Zelle oder in der DNA, oder nur auf einer Ebene oder wenigen Ebenen funktionierende Informationen, wie in unbelebter Materie. Diese erwähnten einfachen geometrischen Strukturen, die Pyramiden oder etwa die sogenannte Blume des Lebens, stellen in dem Sinne *den Beginn der Schöpfung* dar, als sie die einfachsten Informationen und Muster zeigen, auf denen alle Realität aufbaut.

Die einfachen oder auch schon komplexeren Strukturen der sogenannten heiligen Geometrie, die sich übrigens auch in europäischen mittelalterlichen Kathedralen finden, also auch im christlichen Kulturkreis, symbolisieren auch die Beziehung zwischen der Einheit und der Vielheit: Das heißt, sie zeigen, wie aus dem ursprünglich *einen* Bewusstsein Vieles wird, was aber immer zueinander in einer Beziehung bleibt. In komplexen Kreisbildern

(Blume des Lebens etc.) ist jeder Kreis ein Kreis für sich, aber auch Teil des organischen Ganzen. Bei Fraktalen wiederholt sich auf jeder neuen Ebene (also kleine, größere, noch größere Dimensionen, prinzipiell ad infinitum; man sehe sich einen animierten Film über Fraktale im Internet an) die gleiche Form. Damit wird auch die Multidimensionalität der Schöpfung symbolisch ausgedrückt. Wir erhaschen einen Blick auf den universellen Bauplan: Das begrenzte „Kleine" (materielle Welten) ist eingebettet in strukturell parallele „größere" Welten (Astralebene), die wiederum in größere Zusammenhänge eingebettet sind. Multidimensionalität und Spiegelung derselben Konstruktionsprinzipien in unterschiedlichen Dimensionen sind die Grundstruktur der göttlichen Schöpfung. Bei den sehr alten Steinmonumenten rund um die Welt, z.B. bei der großen Pyramide von Gizeh finden wir einerseits dieses Wissen um universelle Konstruktionsprinzipien und andererseits die Fähigkeit, etwas technisch kaum Machbares in Perfektion und scheinbar mühelos und zu lösen.

Grundsätzlich kann man sagen: Die Realität ist immer Einheit in der Vielheit. Während alles eins ist und miteinander verbunden, ein Bewusstsein, gibt es dennoch unendliche Vielheit und Vielfalt und zwar nicht nur im raum-zeitlichen Bereich, sondern auch in anderen Realitätsebenen des multidimensionalen Kosmos. Diese Polarität (Einheit und Vielheit) muss man einmal anerkennen. Die Einheit besteht also mit der Vielheit zusammen: Es sind keine dualistischen Gegensätze, sondern sie sind die sich ergänzenden Pole der Realität. Ein wirklich holistisches Weltbild enthält die Polarität einer übergeordneten Wahrheit (z.B. „alles ist Geist" oder „alles ist eins") und einer untergeordneten Wahrheit (z.B. „alles ist Materie" oder „alles ist getrennt"). Es ignoriert weder die über- noch die untergeordnete Wahrheit, sondern behält beide im Blick und weiß, welche übergeordnet und welche untergeordnet ist. Ein Weltbild, das Polarität zulässt, ist in jedem Fall wahrer als ein monistisches, weil dieses einen Teil der Realität negiert, wohinter immer ein dualistisches Weltbild als Grundlage steckt. Der Dualismus von Geist und Materie existiert von einem höheren Standpunkt aus nicht. Als wenn Materie etwas anderes sein könnte, als Geist; als wenn Geist sich nicht in allem manifestieren würde, auch in der Materie. Das aber, was beide vereint, ist das, was der Begriff „Bewusstsein" bezeichnet.

[Hier enden die Zitate aus *Eine Neue Aufklärung*]

Wenn wir zu unterscheiden versuchen, zwischen dem, was absolut existiert und dem, was bloß relativ existiert, dann ist es tatsächlich eine sinnvolle Beschreibung des Absoluten zu sagen: Es muss ewig sein, es muss unveränderlich sein und es muss sich seiner selbst bewusst sein, also „selbstleuchtend" sein, indem es sagt „Ich bin". In diesem Sinne ist es vollkommen logisch und das einzig Richtige zu sagen: Der Geist oder das Selbst ist das Einzige, was absolut existiert. Man beachte aber, dass der Satz „Es gibt *nur ein* absolut Existierendes" in dieser Definition nicht vorkommt. Eine Vielheit von Seelen, Geistern, „Selbsten", die genau dieses von sich sagen kann, ist keineswegs unlogisch und ist genau das, was das geistige Universum ausmacht und was Nahtoderfahrungen bestätigen. Dass diese Seelen oder Geister zugleich eins sind und viele, ist das große, letzte, niemals erklärliche Geheimnis. Es ist also letztlich einerlei, ob wir sagen, „Gott ist einer und viele" oder „das Selbst ist eines und viele" oder „das Bewusstsein ist eines und viele" oder „der Geist ist einer und viele": Das läuft alles beinahe auf dasselbe hinaus, solange wir den grundlegenden Gedanken der Einheit-in-der-Vielheit beibehalten. Allerdings ist auch zuzugeben, dass die Vielheit eine hierarchische sein könnte (und wohl auch ist), wodurch das Wort „Gott" seine traditionelle Bedeutung teilweise behält.

Eine mystische Betrachtung, die von diesem Gottesbegriff ausgeht: Das eine Bewusstsein wird viele und vergisst seine ursprüngliche Einheit. Die vielen „Bewusstseine" erinnern sich an die ursprüngliche Einheit: Nun sind sie „Einheit-in-der-Vielheit".

Gott ist Einheit-in-der-Vielheit. Wenn Gott sich ganz vergisst, ist nur noch das Gefühl der Vielheit und der Trennung da. Wenn Gott sich wiederfindet, sieht er die Einheit in der Vielheit. Die Einheit, der Vater, ist größer, ist die größere Wahrheit. Der Sohn, die Vielheit, ist kleiner, ist die kleinere Wahrheit. Aber beides ist wahr. Auch durch Erleuchtung, das intuitive Erkennen der Einheit, das Gefühl der Einheit, verschwindet die Vielheit nicht. In *diesem* Sinne bist du als Individuum wirklich und keine Illusion. In *diesem* Sinne gibt es Individualität, als *untergeordnete* Wahrheit. Durch die Vielheit gibt es Individualität, aber diese „kleinere" Wahrheit wird von der „größeren" Wahrheit der Einheit alles Seienden gewissermaßen umschlossen. Es gibt durchaus Advaita-Lehrer, die die Individualität ganz negieren und als Illusion darstellen. Es ist sicher vollkommen richtig, unsere irdische Person als „verhältnismäßig illusorisch" zu sehen, aber die wahre Realität, die göttliche Realität, ist in erster Linie Einheit aber dann auch Vielheit. Wir sind eins aber doch viele. Auch nach der Erkenntnis der eigenen Göttlichkeit und der Nicht-Getrenntheit von Gott und allen Wesen bleiben wir Individuum. Anders gesagt: *Wir* sind wirklich. Ich bin wirklich und die anderen sind es auch. Wir sind eins und doch viele. Für den Verstand ist dies nicht begreifbar. Eine Philosophie, die alles für den Verstand begreifbar machen will, kann nicht im höheren Sinne wahr sein.

Aufgrund der Vielschichtigkeit der Realität muss es übergeordnete und untergeordnete Wahrheiten geben, um den verschiedenen Ebenen der Realität gerecht zu werden, oder auch eine absolute und mehrere relative Wahrheiten.

Nicht-dualistisches Verstehen ist ein intuitives Verstehen und Fühlen der ursprünglichen Einheit hinter der geschaffenen Vielheit. Nichts, was ist, wird negiert. Die Vielheit ist und die Einheit ist: Einheit in der Vielheit.

Eine wirklich ganzheitliche Spiritualität ist immer eine, die auch „höhere Welten" miteinbezieht und die durch Innenschau, aber auch durch Gebet um Hilfe und Inspiration auf ihrem Lebensweg bittet. Das Paradoxe ist also, dass es einerseits kaum bessere Lehrer gibt als die des Zen-Buddhismus oder Advaita Vedanta, um unsere spirituelle Entwicklung wirklich voranzubringen, dass aber andererseits der vorwiegend immanente Ansatz dieser Lehren philosophisch ein unvollständiger ist.

Wie außen, so innen; wie oben, so unten. Die Realität wird von zwei Seiten zunehmend von Licht durchdrungen: durch inkarnierte Meister und befreite Menschen in der „objektiven" Welt; und durch unsere „subjektive" befreite Wahrnehmung der Welt. Alles ist eins. Auch Lehrer und Schüler sind eins, Jesus und die Apostel sind eins. Viele Menschen, die erwachen wollen, ziehen einen Meister an; sehr viele Menschen, die erwachen wollen, ziehen viele Meister an.

Du hältst ein Objekt in den Händen, z.B. dieses Buch, und du denkst „Ich nehme dieses Buch wahr", aber das ist nur ein Gedanke. Unsere wirkliche Erfahrung ist, dass es Wahrnehmung gibt, aber wir haben keine Erfahrung von etwas Wahrnehmendem und etwas Wahrgenommenem als zwei getrennt existierenden Einheiten: Daher ist die übergeordnete Wahrheit, dass alles eins ist. Es gibt nur „Nicht-Dualität". Es gibt keine Zeit, es gibt nur das Hier und Jetzt. Dies ist die einzige *absolute* Wahrheit. Alle anderen Wahrheiten müssen nicht falsch sein, aber sie sind untergeordnet und müssen in Relation zu dieser einen Wahrheit gesehen werden. Selbst die scheinbar ganz offensichtliche Wahrheit „Es gibt unterschiedliche Objekte, mein Körper ist mein Körper, dieses Buch ist dieses Buch" ist eine untergeordnete Wahrheit und nur relativ wahr.

Schopenhauers Welterklärung ist strukturell mit meiner mystischen Welterklärung im Sinne von Einheit und Vielheit vergleichbar. Der Wille ist das Primäre, die Einheit; die Vorstellung ist das Sekundäre, die Vielheit. „Die Welt als Wille und Vorstellung": Der Wille erscheint sich selbst in der Vorstellung und „kommt zur Besinnung". „Die Welt als Einheit in der Vielheit": Die Einheit erscheint sich selbst als Vielheit und erkennt sich selbst.

„Nicht-Dualität" bedeutet, dass *alles* ohne trennende Grenzen ist, es gibt nichts *absolut* Einzelnes oder Getrenntes. Insofern ist die Welt, die uns die Dinge als einzelne Dinge zeigt, eine Illusion. Nicht nur das, es gibt weder Wissen, Gewusstes noch Wissenden als getrennte Einheiten. Auch diese sind eins. Wenn wir uns unsere Erfahrung anschauen, stellen wir fest, dass es vom Standpunkt unserer Erfahrung aus wirklich so ist: Es existiert nur die

Erfahrung, nur Bewusstsein als Ganzes und alles ist Teil dieser Erfahrung und damit Teil eines Ganzen. Es ist niemals im vollen Sinne „getrennt". Alles besteht aus Bewusstsein und wer sich dieser Tatsache intuitiv in der Gegenwart bewusst ist, der kann ohne jede Anhaftung und ohne jemals „getrübt" oder „beschmutzt" zu werden, in der Welt sein und mit den tausend Dingen der Welt das Spiel des Bewusstseins spielen. Er ist alles und nichts. Er kann sich selbst nichts hinzufügen und nichts von sich wegnehmen. Er ist vollständig, ohne es sein zu wollen. Er ist es.

Die fünf Hüllen sind eine sehr konkrete Beschreibung der Realität, die freilich, weiter nach innen gehend, immer inkonkreter wird und im Zentrum mit einem großen Geheimnis endet. Wenn man das Ganze mit einem anderen Bild beschreiben möchte, würde man sagen, dass die wahre Realität wie der leere Raum ist, in dem die Dinge erscheinen: Egal wie viele Dinge erscheinen und wie komplex sie sind, die Grundlage, auf der sie beruhen, ist immer der Raum und der Raum *ist* die Dinge und ist *nicht* die Dinge. Denn wenn sie verschwinden, bleibt immer der Raum. Aber der Raum selbst kann nicht verschwinden. Der Raum erscheint sich also selbst gewissermaßen als sein Inhalt, oder anders gesagt: Die Leere erscheint sich selbst als Fülle. Daher heißt es zu Recht: Leere ist Fülle und Fülle ist Leere; und zugleich ist Leere Leere. Leere bleibt Leere; sie wird als solche nie voll. Ebenso ist Fülle Fülle; sie wird als solche nie leer; aber sie existiert nur auf der Grundlage der Leere. Zuerst sind wir Leere, dann Fülle. Daher ist der Satz „Bleibe leer" für die spirituelle Entwicklung oder die Selbsterkenntnis durchaus ein hilfreicher Wegweiser.

Die Formel „Einheit-in-der-Vielheit" bedeutet vollkommene Einheit zugleich mit unendlicher Vielheit.

Einheit-in-der-Vielheit ist das grundlegende, nicht weiter reduzierbare Wesen der Realität. Sie wird auch durch das Mysterium der Dreieinigkeit ausgedrückt. Aber neben Vater, Sohn und Heiligem Geist ließen sich auch andere Dreieinigkeiten denken, wie etwa Liebende(r), Liebe, Geliebtes; Erkennende(r), Erkenntnis,

Erkanntes usw. Wenn die intuitive Einheit dieser Drei ihre Vielheit überstrahlt, ist das Erleuchtung. Alles wird ein kontinuierliches Eins.

Es gibt in Wahrheit keine getrennten, „für sich existierenden" Objekte „da draußen", es gibt immer nur eine Wahrnehmung oder Vorstellung der Objekte, aber diese Wahrnehmung ist in Wahrheit stets „verbunden" und zusammenhängend. Die Idee getrennter Objekte hängt mit unserer Interpretation der Wirklichkeit zusammen. In einer ganzheitlichen Wahrnehmung gibt es keine Trennung und es gibt auch keine Abfolge voneinander getrennter Zustände. In der Realität lässt sich nicht sagen, wo ein Zustand beginnt und der andere aufhört. Dies ist eine vom Verstand geschaffene Definition. Es gibt nur einen kontinuierlichen Fluss der Ereignisse. Unsere selektive oder beschränkte Auffassung der Realität schafft also erst Getrenntheit. Egal ob Licht oder Schall, alles ist letztlich Welle, alles ist letztlich Energie, alles ist letztlich verbunden. Die Idee einer linearen Zeit und einzelner Objekte ist aufs innigste verknüpft mit der Idee der Kausalität, die wiederum mit der Idee der Determiniertheit und Unfreiheit zu tun hat. Aufgrund einer unendlich langen Kausalkette sind wir an einem Punkt der Zeit, an einem Ort im unendlichen Raum „gefangen". Dies ist aber ein vom Verstand geschaffenes Gefängnis. In Wahrheit ist die Gegenwart das (zeitlich) Unbegrenzte und das Hier ist das (räumlich) Unbegrenzte. In dieser wahren Realität ist alles immer da.

Auch wir sind kein einzelnes, getrenntes Objekt. Innen und Außen sind immer eins, sind immer verbunden. Es gibt kein Innen und Außen. Wir sind der Raum, in dem alles Innen und Außen erscheint.

So, wie Wellen ihrer Struktur nach aus Wellenkämmen und Wellentälern bestehen, besteht auch die Realität stets aus Polaritäten: Licht und Dunkelheit, Leben und Tod, Entstehen und Vergehen usw. Deine unvollständige Wahrnehmung der Welt sagt aber: Es *darf* nur Leben geben, es *darf* nur Entstehen geben, es *darf* nur Gutes geben usw. Damit schaffen wir Unfrieden, indem wir unsere begrenzenden Kategorien der vollständigen Realität aufzwingen.

Alan Watts weist darauf hin, dass auch im physischen Universum jedes Lebewesen nur in einer Umgebung existiert, die für es passend ist. Jedes Tier, jede Blume existiert nicht etwa irgendwo „getrennt", sondern bildet eine Einheit mit der Umgebung. Alles wirkt zusammen: Wetterbedingungen, geologische Bedingungen und verschiedene Pflanzen und Tiere bilden gemeinsam eine Einheit, in der das Einzelne, Individuelle existieren kann. Auch Menschen können natürlich nur in einer bestimmten Umgebung existieren und sind so betrachtet stets von ihr abhängig und eins mit ihr. Sie sind aber nicht nur eins mit ihrer unmittelbaren Umgebung, sondern auch in einem größeren Zusammenhang eins mit dem Planeten und darüber hinaus eins mit dem Sonnensystem und dem Universum. Der untrennbare Zusammenhang, das faktische Einssein individuellen Daseins (egal ob pflanzlich, tierisch oder menschlich) mit der physischen Umgebung ist etwas so Offensichtliches, dass man sich dieser Tatsache gar nicht mehr bewusst wird. Aber auch hier sehen wir, wie sehr der Verstand der Wirklichkeit falsche Konzepte aufstülpt, deren grundlegendstes das Konzept der Getrenntheit ist. In gewissem Sinne könnten sogar Science Fiction-Ideen, wie die Besiedelung des Mars, darauf zurückgeführt werden, dass der Verstand die einfachen Tatsachen der Realität nicht mehr wahrnimmt und der Mensch glaubt, auch ohne seine natürliche Umgebung existieren zu können, indem er meint, Entwicklung oder Fortschritt bestünde darin, die Entfremdung von ihr immer weiter voranzutreiben.

Nicht-Dualität ist wahr im Sinne von „Es gibt keinen Unterschied zwischen innen und außen, zwischen Immanenz und Transzendenz und damit keine Getrenntheit." Sie ist aber *nicht* wahr im Sinne von „Es gibt keinen multidimensionalen Kosmos mit geistigen Wesen, die unterschiedlich evolviert sind."

Das genaue Verhältnis von Einheit und Vielheit ist aber etwas, das wir nicht erklären können. Welcher Mensch, egal wie tief seine Selbsterkenntnis ist, könnte sich anmaßen, die genaue Beziehung zwischen Schöpfer und Schöpfung, oder auch die genaue Beziehung zwischen Einheit und Vielheit, in Worten so auszudrücken, dass es angemessen ist. Ganz bewusst lassen wir die Frage nach der genauen Beziehung zwischen Atman und Brahman, zwischen universellem Geist und Einzelseele, offen. Dass der Schöpfer in uns ist, dass wir auch Schöpfer sind, ist gewiss. Dass die Schöpfung, ganz besonders die Struktur der Schöpfung (mit den verschiedenen Ebenen: kausal - feinstofflich – grobstofflich), etwas über das Wesen des Schöpfers aussagt, ist ebenso gewiss. Ebenso sicher ist es, dass die Schöpfung den Schöpfer vor sich selbst verhüllen kann (dann nennen wir sie „Maya") und dass der Schöpfer seine Schöpfung als Spiel, als „Lila" genießen kann.

Einheit ohne Vielheit ist ebenso Illusion wie Vielheit ohne Einheit. Die Realität ist Bewegung in der Ruhe und Ruhe in der Bewegung, Ausdehnen und Zusammenziehen, Ein- und Ausatmen: Allein in dieser *Bewegung* besteht auch die Realität der Zeit und des Raumes. Stets an einem Orte und in der Gegenwart bleibend, dehnt sich die Einheit in Raum und Zeit aus. Raum und Zeit sind das Prinzip der Vielheit. Die Einheit bleibt Einheit, auch in der Vielheit. Die Einheit ist das erste, die Vielheit kommt als zweites hinzu. Daher sind Einheit und Vielheit auch keine gleichberechtigten oder voneinander unabhängigen dualistischen Gegensätze, sondern die Einheit umschließt die Vielheit, sie ist das Erste, auf dem die Vielheit beruht.

Aber ist nun die Einheit die *Ursache* der Vielheit? Ist der Vater die Ursache des Sohnes? Oder ist es nicht vielmehr so, dass der Begriff „Einheit" ohne den Begriff „Vielheit" sinnlos ist, dass niemand Vater ist, ohne einen Sohn zu haben? Es geht nicht um Ursache und Wirkung, sondern im Einen ist das Zweite schon enthalten. Erleuchtung hieße erkennen, dass das Viele zugleich das Eine ist und das Eine zugleich das Viele. Es hieße erkennen, dass auch du zugleich das Eine bist und das Viele. Der Sohn, der sich innerlich als Sohn des Vaters erfährt oder erkennt, der seine Identität mit dem Vater erkennt, erlöst die Welt, die dadurch als das erkannt wird, was sie ist: kein dualistisches Zweites, sondern das sich selbst erscheinende Eine.

Wie lässt sich Bewusstsein differenzieren? Die Welt der Vielheit, die materielle Welt, ist differenziert, sie ist dualistisch, es gibt hier und da. Aber kann man Bewusstsein differenzieren? Ist Bewusstsein nicht immer eins? Unendliches Bewusstsein ist eins; das ist zweifellos richtig. Es lässt sich nicht qualitativ differenzieren: Bewusstsein ist Bewusstsein. Aber lässt es sich quantitativ differenzieren? Nicht seinem wahren Wesen nach, nicht sofern es Einheit ist. Aber sofern es die Vielheit der individuellen „Bewusstseine" ist, ist es quantitativ differenziert, insofern das Bewusstsein eines Tieres ein anderes ist, als das Bewusstsein eines Menschen und das Bewusstsein eines nicht inkarnierten Wesens. Das eine Bewusstsein erfährt sich selbst in allen möglichen Quantifizierungen oder Beschränkungen, vom kosmischen Bewusstsein bis zum allerschwächsten tierischen Bewusstsein. Und doch ist es immer eins.

Der fundamentale Streit ist immer der Streit um Dualismus und Nicht-Dualismus, auch innerhalb der indischen Systeme, z.B. zwischen Vedanta und Samkhya. Die Lehre der Einheit-in-der-Vielheit stellt sich auf keine Seite, sondern sagt: Alles ist zugleich eins und nicht eins. Auf der Grundlage des Primären, Formlosen, der Einheit, existiert das Sekundäre, die Form, die Vielheit: das Zweite, das ohne das Erste nicht sein könnte. Das heißt: Das Zweite, Veränderliche, ist immer zugleich auch das Erste, Unveränderliche.

Der direkte Pfad sagt: Schau dir die unmittelbare Realität an und untersuche sie. Es ist eine Art wissenschaftliche Untersuchung des Bewusstseins im Gegensatz zur Analyse der objektiven Realität im Sinne eines symbolträchtigen Kunstwerks, das die tiefere Realität reflektiert (denn das wäre der andere relevante Ansatz). Offenbarung heißt: Transzendenz im Äußeren finden. Meditation heißt: Transzendenz im Inneren finden.

Alan Watts benutzt das Bild einer dunklen Schüssel, die umgedreht auf dem Tisch steht und darunter scheint ein Licht. Wir sind wie kleine Nadellöcher in der Schüssel, durch die das Licht scheint und wir denken, wir seien nur diese einzelnen Löcher. In Wahrheit aber sind wir auch das Licht. Er sagt: Sei beides, bringe beides zusammen. Die Einheit des Lichtes und die Vielheit der Erscheinungen, die es projiziert. Nur dann kannst du alles, was geschieht, als Spiel sehen, als Lila, und sagen: Wie schön! Selbst das, was als hässlich und schlecht bezeichnet wird, auch die Menschen, die völlig verstrickt sind in ihr irdisches Dasein, sind eine Erscheinung des Ganzen der Natur, etwas Schönes, das „von selbst passiert", wenn man es vom befreiten, erleuchteten Standpunkt aus betrachtet. Das zugrundeliegende Wesen, das Licht, ist vollkommen und die Erscheinungen geschehen von selbst.

Es ist richtig, zu sagen, dass nur unsere Selbsterkenntnis *absolut* bedeutsam ist und alles Materielle bloß eine *relative* Bedeutung hat. Dennoch ist auch diese relative Bedeutung durchaus insofern eine hohe, als existenzielle materielle Probleme erst gelöst werden müssen, bevor Menschen sich dem Spirituellen zuwenden können. Ich habe von einem Schamanen gelesen, der darum betet, dass der Menschheit genug Zeit zum Erwachen bleibt, einfach weil sich die Dinge insoweit zuspitzen, als einerseits Impulse zur geistigen Befreiung sich in nie gekanntem Maße verbreiten, während andererseits die Gesundheit des Planeten und damit die Zukunft der Menschheit gefährdet sind.

In Nahtoderlebnissen finden sich dualistische und nicht-dualistische Elemente: Engel und Lichtwesen, die einem liebevoll erklären, was man ändern muss, wie man sein Leben besser lebt usw. Diese Erfahrung ist von tiefer Liebe erfüllt, aber dennoch eine Erfahrung der Verbundenheit in der Vielheit, die man daher als dualistisch bezeichnen könnte. Das nicht-dualistische ist der Wunsch, mit dem Licht eins zu werden oder auch die Erkenntnis: Ich und das Licht sind eins.

Die Idee, dass das Universum etwas Entstehendes und Vergehendes ist, das dem Ein- und Ausatmen Gottes entspricht, wird auch von Edgar Allan Poe in seinem unglaublichen Essay *Eureka* formuliert, in dem er sagt, dass die Materie in dem Moment, wo sie zu einer wirklichen Singularität wird, keine Materie mehr ist, da es keine Anziehung und Abstoßung mehr geben kann. Sie wird sozusagen ganz in den Geist resorbiert, um in einem neuen Big Bang wieder aus ihm zu entstehen.

Das Bewusstsein, dass man bewusst ist, geht jeder Erfahrung vorher. Zuerst ist man sich bewusst, dass man bewusst ist, dann ist man sich erst bestimmter Erfahrungen bewusst.

Wie in *Eine Neue Aufklärung* schon dargelegt, besitzt die materielle Welt in erster Linie symbolische Wahrheit. Die Vielheit der materiellen Dinge symbolisiert die Vielheit der geistigen Wesen oder „Bewusstseine", die auf geheimnisvolle, mystische Art viele und zugleich eins sind, viele und doch nicht getrennt. Die materielle Welt ist eine Art symbolischer Widerschein der geistigen Realität, denn auch in der materiellen Welt ist natürlich letztlich alles eins, alles aus der gleichen Materie, alles zuinnerst miteinander verbunden.

Auf welche Weise ist alles miteinander verbunden? Die Form des Bewusstseins bringt es schon mit sich, dass Eines in Vielen ist und Viele in Einem. Darüber hinaus ist es so, wie Edgar Allan Poe in *Eureka* gesagt hat: „das Kleine im Größeren und alle im göttlichen Geist". Die einzelne Seele, der „Gottesfunke" ist ganz und vollständig, ist Alles in Allem. Insofern stimmt die Lehre des Advaita Vedanta: Das Selbst, Atman, ist Brahman, ist Alles in Allem. Gleichzeitig ist die einzelne Seele ein winziger Bestandteil eines mehrdimensionalen, hierarchisch strukturierten geistigen Kosmos. Insofern stimmen die in mystischen Lehren, in Offenbarungslehren, beschriebenen oder angedeuteten Kosmologien. Die durch die Struktur oder Form des Bewusstseins vorgegebene „doppelte (reziproke) Verflechtung" bedeutet, dass beide Sichtweisen richtig sind. Es gibt einige Bilder oder Analogien, die einem helfen können, das Wesen der Realität zu verstehen, aber es sind nur Analogien. Eine ist die Mikrokosmos-Makrokosmos-Analogie, eine andere ist die Fraktalgeometrie. Fraktale sind vielleicht das beste Bild für die Einheit-in-der-Vielheit: Der Makrokosmos ist auch wieder im Mikrokosmos, der Mikrokosmos im

Makrokosmos, das Universum ist im Menschen, ebenso wie der Mensch im Universum ist. Eine weitere Analogie ist die „Dasselbe-Gold-in-vielen-Schmuckstücken"-Analogie: Niemand findet Gold „an sich", also Gold ohne Form, und doch weiß jeder, dass es die Grundlage von allen Formen ist. Wie das Gold ganz in jedem Schmuckstück ist, ist auch jede einzelne Seele ganz und gar aus Gottessubstanz, vollständig und ganz nach „Seinem Bilde", aber wie jedes einzelne Schmuckstück nur einen winzigen Teil der gesamten Goldmenge enthält, ist die Seele gleichzeitig auch nur ein winziger Teil des gesamten geistigen Kosmos. Mit Hilfe dieser Bilder wird das Unvorstellbare etwas vorstellbarer.

Kosmisches Bewusstsein ist wie das Durchschauen der Rückseite der großen Stickarbeit des Universums: die geheimen Fäden, der perfekte Plan hinter dem Lebensweg jedes einzelnen Menschen, die Implikationen des Satzes „Die Haare auf eurem Kopf sind alle gezählt". Wenn man sich dies so recht vergegenwärtigt sieht man, wie reduktionistisch das Advaita-Vedanta-Weltbild ist. Aber gerade aufgrund dieser Reduktion ist die Lehre natürlich für die Entwicklung so effektiv.

Die Kernaussage von *A Course in Miracles* („Nothing real can be threatened; nothing unreal exists") drückt natürlich eine tiefe Wahrheit aus, ist aber, für sich genommen, nutzlos, wenn man nicht versteht, wie und warum, wenn man nicht weiß, was denn jetzt „wirklich" ist und was letztlich „unwirklich" ist. Diese Fragen beantwortet Advaita Vedanta für uns.

Kant hat zu Recht gesagt, dass Zeit, Raum und Kausalität Formen der Anschauung sind. Sie betreffen bloß die Erscheinung. Daher kommt es, dass, wenn man über das Wesen der Realität redet (ob man es nun Brahman, Atman, Bewusstsein oder wie auch immer nennt), diese Begriffe keine Gültigkeit mehr haben. Es macht also keinen Sinn, zu fragen: Was war vor der Zeit? Was ist außerhalb des Raums? Warum wurde aus der Einheit, Brahman, die Vielheit der Erscheinungen? Hier kann man nur sagen: Es gibt kein vorher und nachher, kein hier und dort, keine Ursache und keine Wirkung. Es gibt auch keine Antwort auf die Frage: Warum bin ich? Aber es gibt eine schöne Antwort auf die Frage „Was bin ich?" - Sat-chit-Ananda. Im „Sat-chit-Ananda" liegt gewissermaßen auch die Antwort auf die Frage nach dem Warum, denn vom Standpunkt der Seligkeit und der Einheit aus macht die Frage nach dem Warum keinen Sinn.

Eckhart Tolle hat die mittlere, ausgeglichene Sichtweise dargestellt. Er spricht von der zweifachen Realität des Universums, von Dingen und dem Raum, von der „Dinghaftigkeit" und der „Nicht-Dinghaftigkeit", die sich im Makrokosmos, aber auch im Mikrokosmos, im Menschen finden. Das geistig gesunde, ausgeglichene, fruchtbare menschliche Leben bewegt sich zwischen den beiden Dimensionen, die die Realität ausmachen: Form und Raum. Es gilt also, die übermäßige Identifikation mit der Form aufzugeben, aber es ist nicht nötig, die Formen aufzulösen und es ist wohl auch nicht möglich. Eckhart Tolle benutzt nicht den Begriff „Gott", sondern den Begriff „Sein" und sagt, dass das Sein der Existenz vorausgeht. Existenz ist Form und Inhalt, gewissermaßen der Vordergrund des Lebens, aber das Sein ist das, was im Hintergrund ist, die Grundlage. Eckhart Tolle spricht vom „Hintergrund" oder auch von der „Unterströmung" der Bewusstheit (awareness), die bedeutet, dass man sich nicht nur der Dinge oder Objekte bewusst ist, sondern dass man sich bewusst ist, dass man bewusst ist, dass alles nur Bewusstsein ist. Ganz wichtig ist hier, dass Eckhart Tolle die Polarität der Wirklichkeit erfasst hat. Die Polarität ist eben keine Dualität, sie ist ein Sowohl-als-auch: Das Bewusstsein der Einheit allen Seins besteht mit dem Bewusstsein der Vielheit zusammen; die zwei Pole sind die „Dinghaftigkeit" und die „Nicht-Dinghaftigkeit", die „Form" und die „Verneinung der Form", die nicht die Zerstörung der Form ist, sondern die Erkenntnis, dass du nicht die Form bist.

Nur das „Selbst" existiert. Das ist richtig. Aber ist damit schon alles gesagt? Diese Aussage selbst ist ein Widerspruch, denn man sagt etwas über das, worüber nichts gesagt werden kann, und dann kann es schlechter sein, nur *eines* zu sagen, als zu relativieren. Wenn man spricht, dann muss man, um sich der Wahrheit zu nähern, in Gedanken, die die Form von „einerseitsandererseits" haben, sprechen, denn sonst reduziert der Verstand die Wahrheit zu sehr und sie wird irreführend und falsch. Dementsprechend muss der Satz „Nur das Selbst existiert" ergänzt werden, z.B. durch den Satz „Das eine Selbst existiert als Vielheit", oder durch den Satz „Das, was ich in mir als Selbst erlebe, ist das eine Sein, das in Vielheit existiert". Dadurch werden berechtigte Fragen (die, wenn man auf der Verstandesebene operiert, gestellt werden müssen), wie etwa „Was ist das Selbst und als was existiert es?" zumindest näherungsweise beantwortet. Aber der Satz „Nur das Selbst existiert" klingt vom Verstandesstandpunkt aus wie „Nur ich existiere und alle anderen sind bloß Phantome". Und da haben wir dann den Solipsismus, das gefährlichste Missverständnis der Advaita-Lehre.

Zeit und Raum haben keine absolute Realität und jeder „erleuchtete" Mensch durchschaut dieses Nicht-Reale an den Kategorien Zeit und Raum. Und doch sind Zeit und Raum ein Analogon für etwas, was auch in der höheren, geistigen Welt existiert.

Einheit und Vielheit sind nicht grundsätzlich oder dualistisch voneinander unterschieden. Die Vielheit ist in der Einheit schon enthalten. In dem einen formlosen Sein sind alle Formen enthalten. Dies zu verstehen ist die Selbsterkenntnis des Seins.

Wenn alles Bewusstsein ist, wo existiert dann die Welt der Vielheit? Sie existiert jeweils nur in einem Bewusstsein, in dem sie sich realisiert. Die Welt der Vielheit ist so betrachtet eine Art potentielle Welt, die sich auf unterschiedliche Arten in unterschiedlichen „Bewusstseinen" realisiert, wobei jedes dieser individuellen „Bewusstseine" das Potenzial hat, zu seinem Ursprung und zum kosmischen Bewusstsein zurückzukehren. Wirklichkeit ist immer Einheit, ist immer nicht-dualistisch. Die Quantenphysik macht dies anschaulich: Der Beobachter realisiert (oder die Beobachter realisieren) *eine* Realität aus einem diffusen Feld der Möglichkeiten. Die „Welle" kollabiert als konkretes Teilchen. Ist nur das Teilchen wirklich oder nur die Welle? Die Frage ist „unzulässig": Es kommt auf den Standpunkt an. Ohne Wellen (Einheit, Verbundenheit) keine Teilchen (Vielheit); aber die Wellen realisieren sich als Teilchen; das liegt in ihrer Natur, so wie die Pflanze schon in den Samen ist.

Wenn man Wirklichkeit definiert als „das was ist", dann ist sie immer Bewusstsein. Denn welche Wirklichkeit sollte es sonst geben? Die Vielheit ist daher als „wirkliche Vielheit" nicht erlebbar, da sie sich immer in *einem* Bewusstsein manifestiert. Die Vielheit ist die indirekte Wirklichkeit, die Einheit ist die direkte Wirklichkeit.

Was ist das umfangreichste Wissen über die Beschaffenheit des geistigen Kosmos verglichen mit dem Erleben der Einheit? Es ist eigentlich nichts, es hat im Vergleich wenig Bedeutung; und doch gehört zur geistigen Entwicklung beides: intuitives Verstehen mit dem Herzen, aber auch Wissen. Die Formel „Fülle des Herzens, Klarheit des Geistes" drückt aus, dass wirkliches Wissen und echte Inspiration erst durch die Verbindung beider Seiten entstehen.

Mit dem Wunder der Einheit in der Vielheit ist auch das Wunder der Subjektivität verknüpft. Wie ist es möglich, dass man einerseits „alles" ist, die ganze Unendlichkeit, und andererseits diese ganze Unendlichkeit von einem bestimmten relativen und subjektiven Standpunkt wahrnimmt? Erwachen oder Erleuchtung ist sicherlich nicht möglich, wenn man diese Tatsache nicht auch akzeptiert. Die Subjektivität ist Teil der Totalität. Auch hier machen diese Gegensätze (Subjektivität und Totalität) nur in Relation zueinander Sinn und bilden die polaren Gegensätze des Ganzen.

Wirklichkeit ist nur durch Polarität möglich. Lernen ist auch nur durch Polarität möglich, z.B. das Erfahren der Unsterblichkeit in der Sterblichkeit usw.

Die Realität ist Einheit-in-der-Vielheit. Die Realität ist Bewusstsein. Bewusstsein ist Einheit-in-der-Vielheit. Du willst wissen, was das Mysterium der Einheit-in-der-Vielheit ist? Dann betrachte dein eigenes Bewusstsein.

DREI GLEICHNISSE

BAUM UND BLÄTTER

Dies ist ein Bild für die Beziehung der einzelnen „Bewusstseine" zueinander und für das Wesen der Einheit in der Vielheit.

75 Leute hören Rupert Spira zu. Also gibt es 75 Ruperts? Ja, es gibt 75 Ruperts. Oder sogar 76... Und welcher ist der „richtige"? Keiner? Es gibt 75 „Bewusstseine" und zugleich gibt es ein Bewusstsein. Dieses Bewusstsein ist in jedem und jeder ist in ihm. Vielleicht ist ein kleines Gleichnis hier hilfreich, um dieses Verhältnis zu visualisieren. Es ist wie wenn ich ein Baum bin und alle Menschen, die ich wahrnehme, sind Blätter (Objekte) an meinem Baum (Bewusstsein), an mir (in mir), nicht getrennt und doch viele. Und gleichzeitig bin ich selbst ein Blatt am Baum eines anderen. An meinem Baum sind unendlich viele Blätter. Und ich bin ein Blatt an unendlich vielen Bäumen. Ich nehme aber nur einige der Blätter an meinem Baum wahr. Und von den anderen Bäumen nehmen mich auch nur einige wahr. Und doch ist die gegenseitige Verbindung unendlich. Alles-in-einem und Eines-in-allem. Im physischen Universum ist das unmöglich, im geistigen Universum ist es so. Es ist also gewissermaßen eine gegenseitige Verflechtung. Die Nähe des Advaita Vedanta zum Solipsismus besteht darin, dass die Gefahr besteht, dass man sagt „Ich bin allein der Baum und alle anderen Blätter sind nur in mir". Das ist zwar richtig, aber nur die eine Hälfte der Wahrheit. Und es ist gut, diese Hälfte ganz klar zu sehen. Die andere Hälfte der Wahrheit ist, dass auch ich ein Blatt an unendlich vielen anderen Bäumen bin. Ich bin also *zugleich* das Größte und das Kleinste, alles und nichts. Ich bin in beide Richtungen verflochten. Aber diese Analogie ist ebenso falsch wie richtig. Die geistige Realität lässt sich physisch-mental kaum visualisieren.

Die Baum-Analogie ist wichtig, um Advaita Vedanta vom Solipsismus abzugrenzen und mögliche philosophische Fehler der Lehre zu korrigieren. Die Welt sei wie ein Baum und alle Menschen daran Blätter. Normalerweise nimmt sich der Mensch als einzelnes Blatt wahr, das zwar irgendwo mit den anderen verbunden ist, aber doch unterschieden von ihnen. Durch die Advaita Lehre kommt er dahin, zu sehen, dass er zwar als ein Blatt *erscheint*, aber in Wahrheit der ganze Baum *in ihm* ist. Alle anderen Blätter (Menschen) sind Produkte seines Bewusstseins, sind insofern *in ihm*. Aber nicht nur er ist in Wahrheit *ein* Bewusstsein, das den ganzen Baum umfasst, sondern alle anderen Menschen sind dies auch und er ist also ein „Blatt" (Objekt) am „Baum" (Bewusstsein) der anderen Menschen. Jeder scheinbar so begrenzte Mensch (von „außen" betrachtet: ein Blatt) ist in zweierlei Hinsicht unendlich. Einmal, weil er alles andere in seinem Bewusstsein umfasst und zum anderen, weil er auch selbst in zahllosen anderen „Bewusstseinen" erscheint. So ist jeder Mensch schon für sich genommen ganz, vollständig und unendlich. Und zugleich sind alle Menschen unendlich miteinander verbunden und er erscheint in ihnen unendlich viele Male. Alles ist also zutiefst Eins (kein Dualismus) und erscheint doch in unendlicher Vielgestalt und ist insofern auch unendlich vieles. Nur diese beiden Seiten der Wahrheit bilden die ganze Wahrheit. Im Advaita Vedanta liegt der Fokus nur auf der einen Seite dieser Wahrheit, weil Advaita Vedanta letztlich empirisch ist und durch mystische Offenbarung ergänzt werden muss; oder weil Advaita Vedanta auf „innerer Empirie", auf Innenschau, beruht, und die Schlüsse, die auf dieser Grundlage gezogen werden, dringend ergänzt werden müssen durch „äußere Empirie", durch die Interpretation und Auslegung der Welt als Vielheit, der „äußeren" Welt.

Die Blätter sind nur „äußere" Erscheinungen anderer „Bewusstseine" oder Seelen; diese sind ebenso wirklich wie mein Bewusstsein. Die Blätter (Erscheinungen) sind nur relativ wirklich, die „Bewusstseine" absolut; aber sie erscheinen mir hier als getrennt, was sie eigentlich nicht sind.

Jedes „Blatt" (Objekt), das in einem erscheint, ist in Wahrheit wieder ein „Baum mit Blättern" (Bewusstsein, in dem sich Objekte darstellen). Dieses Verhältnis hat eine gewisse Ähnlichkeit mit

Fraktalen, bei denen eine bestimmte Form aus unendlich vielen Schichten ihrer selbst besteht und sich aus kleineren Versionen ihrer selbst zusammensetzt und selbst wieder Teil einer größeren Version ihrer selbst ist. Aber diese Analogie ist ebenso irreführend wie erhellend, weshalb man sie nicht unbedingt vertiefen sollte.

Man stelle sich den Menschen als einen Baum vor und gehe davon aus, dass die Richtung seiner Wahrnehmung immer nach oben oder außen geht. Der Mensch nimmt sich nun zunächst als einzelnes Blatt (eine Person mit einer bestimmten Geschichte) wahr. Wenn er nun immer tiefer geht und den Ursprung seines Wesens im Inneren sucht, nimmt er sich sodann als Zweig wahr, dann als Ast, als Stamm und schließlich als ganzen Baum mit Wurzel und Krone, verbunden mit dem Boden und mit anderen Bäumen. Je tiefer er geht, desto mehr nimmt er sich selbst als Ganzes wahr, als Einheit mit allen Schichten (Koshas) des Baumes, und das, was vorher alles zu sein schien, das Blatt, ist nun nur noch eine ganz kleine Ausprägung. Der Mensch ist wieder verwurzelt. Sind die persönlichen, oberflächlichen „Ausprägungen" seines Wesens (das Blatt) deswegen nicht mehr vorhanden? Das sind sie doch. Aber in der Perspektive sind sie klein geworden. Der Advaita-Philosoph, der sagt „Es gibt gar keine einzelnen Menschen, es gibt nur Brahman, das Selbst", wäre wie ein Mensch, der sagt „Es gibt gar keine Blätter, es gibt nur den Baum". Wenn man sagt „Es gibt *nur* die Erde, aus der all dieses hervorgeht und in die es wieder zurücksinkt", so stimmt das. Letztlich gibt es nur die Erde und alles andere ist ein Teil von ihr und wächst nur auf ihrer Grundlage. Aber auch wenn diese Lebewesen (alle Pflanzen usw.) letztlich nicht *getrennt* sind, so *sind* sie dennoch.

HARDWARE UND SOFTWARE

Dies ist ein Bild für das, was beim Übergang zwischen physischer und astraler Ebene geschieht, und für die Beziehung zwischen feinstofflichem und grobstofflichem Körper.

Das Bewusstsein als solches, der Geist als solcher, Atman, ist immer ganz und vollständig. In der Welt der Vielheit aber sehen wir in der Evolution eine Entwicklung des Bewusstseins von einfachsten Formen bis hin zu Menschen. Wenn ich ein Kaninchen sehe, weiß ich, dass dieses ein schwächeres Bewusstsein hat, als ich. Es ist wie ein Taschenrechner, auf dem nur ein paar Megabyte Software gespeichert sind, verglichen mit einem Server der tausende Terabyte gespeichert hat. Die Hardware (der Taschenrechner oder der Computer) ist der physische Körper; die Software ist die feinstoffliche Identität. Taschenrechner und Computer sind äußerlich ganz unterschiedlich, aber die Software des Taschenrechners ist auch auf dem Computer vorhanden. Die umfangreichere Computer-Software lässt sich nicht auf einem Taschenrechner speichern, sondern nur auf einem Computer. Die Software ist die tiefere Ebene unseres Wesens, der feinstoffliche Körper. Daher wird ein Mensch nicht im Körper eines Kaninchens inkarnieren. Die unterschiedliche oder individuelle Software, die auf den verschiedenen Computern läuft, ist strukturell ähnlich, aber nicht identisch. Tiere oder Pflanzen sind für sich genommen wie unvollständige Datensätze, wie einzelne Fragmente des Ganzen und der Mensch ist als einziges Wesen das Ganze und enthält alle anderen Wesen. Er kann als einziger zur Selbsterkenntnis gelangen.

Die Software (unser feinstofflicher Körper) wandert von einem grobstofflichen Körper zum nächsten (Reinkarnation). Beim Inkarnieren wird die Software allmählich und schrittweise „heruntergeladen". Tatsächlich ist es ja so, dass der Mensch als Embryo die Evolution im Zeitraffer durchmacht. Erst mit der vollständigen Entwicklung von Gehirn und Körper ist die Software vollständig heruntergeladen und erst mit vollständiger Software ist man voll bewusst. Wir müssen also paradoxerweise sagen, dass

Tiere *quasi* bewusst sind, aber nicht in gleicher Weise wie wir. Menschen, die sich an ihr Leben als feinstofflicher Körper erinnern (also Menschen, die eine Nahtoderfahrung hatten), beschreiben auch, dass das Bewusstsein als feinstofflicher Körper wiederum vollständiger ist als das Bewusstsein als inkarnierter Körper. Wenn es etwas Objektives an der Zeit gibt, dann dieses, dass sich das göttliche Bewusstsein *zeitlich begrenzt selbst beschränkt.* Der inkarnierte Mensch ist also eine temporär beschränkte oder eingeschränkte Version des vollständigen Ausdrucks des göttlichen Geistes. Wir laden nur eine komprimierte Version unserer Software auf den physischen Computer. Unser vollständiges Selbst ist aber in der Cloud (Astral-/ Kausalwelt) gespeichert.

Die von „Computer" zu „Computer", also von Körper zu Körper, migrierende Information (der feinstoffliche Körper) besteht immer nur aus Nullen und Einsen, die in eine etwas andere Reihenfolge gebracht sind. Aber jemand hat diesen Datensatz geschrieben und jemand liest ihn gerade. Das kann nur ich selber sein, denn *ich* lese ihn gerade. Bin ich auch der Programmierer, weil ich verstehe, dass „ich" (meine Person) nur aus Daten, nur aus Information bestehe? Oder hat Gott mich programmiert? Was ist Gott?

SPIEL DES LEBENS

Dieses Bild illustriert den Unterschied zwischen erwachten und nicht erwachten Menschen und ihre jeweilige Einstellung zum irdischen Dasein.

Das Bild des totalen Versunkenseins („total immersion") in einem interaktiven Computerspiel oder in einer Matrix (wie in dem gleichnamigen Film), ist vielleicht das hilfreichste Bild um sich die Bedeutung des Erwachens deutlich zu machen, oder auch die Bedeutung von „Wissen" und „Nicht-Wissen". In der (Übungs-)Matrix fragt Neo Morpheus Dinge wie „This isn't real?", und Morpheus antwortet „What *is* real?" oder „Your mind makes it real". Die materielle Welt mit dem Satz „Das ist nicht real" einfach abzutun ist etwas zu einfach, denn, so könnte man antworten, „es fühlt sich verdammt real an". Inwieweit ist es also real und inwieweit ist es nicht real? Was bedeutet es, wenn wir sagen „Es ist ein Spiel"?

Ein „Spiel" ist etwas, auf das man sich für eine bestimmte Zeit eingelassen hat und das nach dieser Zeit endet. Es ist nicht die ganze Realität, sondern etwas Kleineres, Abgetrenntes innerhalb dieser ganzen Realität. Es kann uns nur dadurch interessieren, dass es gewisse Elemente und Regeln dieser ganzen, größeren Realität übernimmt und abbildet; aber ein Spiel ist immer zeitlich und räumlich begrenzt. Auch deshalb ist es niemals existenziell bedeutend für die Spieler. Die Spieler sind eben nur für einige Zeit Spieler; in Wahrheit aber sind sie mehr. Da das Spiel durchaus eine Relation zur Realität hat, wäre es falsch zu sagen, dass es bedeutungslos ist, aber es geht nicht um Leben und Tod. Wenn man sich nun Spieler vorstellt, die über dem Spiel vergessen, dass sie viel mehr sind als Spieler, die nur noch in diesem Spiel leben, dann werden sie die Ereignisse in dem Spiel sehr ernst nehmen und intensiv emotional reagieren. Sie werden Pläne und Strategien entwickeln, sie werden oft besorgt und angespannt sein und über jeden Teilerfolg sich unmäßig freuen, sich weitere solche Erfolge herbeisehnen und voll Sorge auf das Ende des Spiels blicken. Wenn man sich andererseits Menschen vorstellt, die wissen, dass dieses Spiel nicht existenziell ist, sondern nur ein spielerisches Ausprobieren und Entwickeln der eigenen Fähigkeiten und gleichzeitig etwas Schönes und Unterhaltsames, dann werden sich diese Spieler grundsätzlich von den zuerst genannten dadurch unterscheiden, dass sie viel entspannter und gelassener sind und dass sie nicht ihre ganzen Fähigkeiten und Kräfte auf den eigenen Gewinn und Erfolg in diesem Spiel richten (denn der wird ja sowieso vergehen), sondern darauf, dass sie selbst und alle anderen Spieler einen angenehmen Abend verbringen. Wenn ein anderer Spieler das Spiel zu ernst nimmt, dann werden sie ihn daran erinnern, dass es nur ein Spiel ist und so werden sie beruhigend und ausgleichend wirken.

Da das Spiel nur ein Spiel ist, gibt es auch kein „gutes" oder „schlechtes" Spiel. Ein „gutes" Spiel ist ein Spiel, bei dem sich niemand emotional als Verlierer oder Gewinner erlebt, weil er wollte, dass das Spiel so oder so läuft. Das Spiel ist ein Würfelspiel. Es läuft mal so, mal so. Da ist ein Spielfeld aus Pappe. Da sind Spielfiguren, da ist Spielgeld: Das ist alles, was wirklich da ist. Es ist nicht wirklich wichtig, was da auf dem Tisch liegt. Aber sobald ich sage „meine" Spielfigur, „mein" Geld, „meine" Hotels usw. wird die Sache ernst. Das Realste an dieser ganzen Spielveranstaltung sind die Spieler und ihre Gefühle. Wir dürfen spielen und wir dürfen Gefühle haben; das gehört zum Spielen dazu. Aber wenn wir vergessen, dass das Spiel nur ein Spiel ist (und jeder Mensch vergisst das leider), werden wir viele sehr starke und häufig negative Emotionen haben, weil wir denken, das Spiel sei etwas Existenzielles.

Insofern ist es richtig: Unwissenheit führt zu Leid, Illusion führt zu Leid und nur durch die Auflösung der Illusion lässt sich das Leid wirklich beenden, nicht durch Erfolg im Spiel. Durch Emotionen, Identifikationen und die Idee einer unveränderlichen Persönlichkeit verleihen wird dem Spiel mehr Realität, als es hat. „Your mind makes it real", sagt Morpheus zu Neo.

MEDITATION UND SELBSTERFORSCHUNG

Die hier versammelten, als Inspiration gedachten Gedanken und Hinweise sind oft an der Lehre des Advaita Vedanta orientiert. In *Eine Neue Aufklärung* findet man viele weitere Meditationsanleitungen ganz unterschiedlicher Art, sodass man dort für fast jede Lebenssituation etwas Passendes finden wird. Die entsprechenden Kapitel aus *Eine Neue Aufklärung* kann man als Ergänzung zum hier Gesagten lesen.

ÜBERSICHT

Die drei zur geistigen Entwicklung besonders hilfreichen Wege sind: erstens, Hingabe an Gott und beten (Bhakti); zweitens, Meditation (Raja); drittens, „Viveka", Unterscheidung, Analyse (Jnana). Es gibt viele „Methoden", die man benutzen kann, solange man sie braucht, und die man dann aber wieder loslässt, sodass sie zumindest nicht mehr als „Methoden" oder „Übungen" empfunden werden, denn irgendwann soll aus jeder „Disziplin" etwas vollkommen Natürliches geworden sein. Solche „Methoden" sind etwa: das Lesen oder Hören der Lehre (vor allem die Upanishaden und Evangelien, aber auch Bücher bedeutender moderner Lehrer), das Hören der Lehre in Vorträgen, geführte Meditationen im Rahmen von Satsangs, Meditation mit offenem Fokus, Meditation mit Mantra oder anderen Objekten, Selbsterforschung mit der Frage „Wer bin ich?", Anwendung der gehörten Lehren im Alltag, den man mit Hingabe lebt (Bhakti), den man im Wissen um die Wahrheit lebt (Jnana), in dem man gute Taten vollbringt (Karma) und in dem man im Jetzt verweilt (Raja). Dann ist auch der Alltag alles andere als „Alltag", denn er ist ein ewig neues Wunder.

Rupert Spira erklärt, dass der Weg zur geistigen Befreiung in drei Schritten stattfindet. Der erste Schritt ist, dass man erkennt, dass man nicht das Bündel aus Erfahrungen, Gefühlen und Gedanken ist, sondern das, was all dieses wahrnimmt. Der zweite Schritt ist, sich dessen, was all dieses wahrnimmt, bewusst zu werden. Der dritte Schritt ist die Integration dieses neuen Zustandes der in den Alltag. Dieser Schritt ist endlos und kontinuierlich.

„Erleuchtung" in zwei Schritten: *Im ersten Schritt unterscheidest du richtig*, denn bisher hast du falsch unterschieden, nämlich so: Ich bin Körper, Verstand, Gefühle und „da draußen" ist die Welt und die Welt ist Nicht-Ich. *Im zweiten Schritt erkennst du die fundamentale Einheit* des zuvor richtig Unterschiedenen. Diese zwei Schritte kann man auf unterschiedliche Arten beschreiben, z.B. etwa so:

Schritt 1: Erkenne dich selbst als das reine Bewusstsein, das von allem anderen, dessen es sich bewusst ist, unterschieden ist, jenseits von Körper, Verstand und den Objekten. Schritt 2: Erkenne, dass die ganze Welt (die Objekte, inklusive Verstand und Körper) aus der gleichen Substanz besteht: Sein ist Bewusstsein, Geist (Brahman). Man erkennt, dass die Welt nicht *dem* Bewusstsein erscheint, sondern *im* Bewusstsein, ja dass sie *aus* Bewusstsein besteht. „Das Selbst erscheint sich als sein Anderes." Rupert Spira beschreibt genau das, was ich in *Eine Neue Aufklärung* als das „Durchdringen" der materiellen Welt mit geistigen Kräften bezeichnet habe, mit einem Bild, mit dem er zu erklären versucht, wie die materiellen Objekte „transparenter" werden durch das Licht des reinen Bewusstseins, wie die Einzelobjekte immer mehr durchdrungen werden vom reinen Bewusstsein. Er vergleicht diesen Prozess mit einem Bild, in dem alle dargestellten Gegenstände sich immer mehr in einem goldenen Licht darstellen.

Eine andere Möglichkeit wäre die folgende: Schritt 1: Erkenne dein wahres Wesen als „Atman". Schritt 2: Erkenne die fundamentale Identität von Atman (dem Geist, der du bist) und Brahman (dem universellen Geist, der sich in zahlloser Vielheit manifestiert). Oder: Schritt 1: Unterscheide „bewusst" und „nicht bewusst". Erkenne das Licht des Bewusstseins. Schritt 2: Erkenne, dass das, was als unterschiedlich vom Bewusstsein wahrgenommen wurde, was als *nicht* bewusst erkannt wurde, *auch* Bewusstsein ist, eine Manifestation des Bewusstseins. Oder: Schritt 1: Erkenne *in dir* die lebendige Kraft, den Geist. Schritt 2: Erkenne, dass es kein „außer dir" gibt, dass die „Welt" auch aus der gleichen Substanz, dem lebendigen Geist, der lebendigen Kraft, dem Bewusstsein besteht. Es gibt kein „nicht-bewusst", kein „nicht-lebendig", kein „nicht-Geist".

Praktiziere Unterscheidung durch die Philosophie des Advaita Vedanta; nutze die Konzentration auf die Atmung und den Energiekörper, denn hier beginnt das Formlose. Meditiere auf das sechste Chakra, auf das reine Bewusstsein, und auf das vierte Chakra, auf das Herz und die Liebe. Werde ganz offen, ganz durchlässig, ganz schutzlos. Öffne das Herz und den Geist. Arbeite zunächst mit inneren Bildern: mit Licht, mit dem Bild Jesu Christi, mit dem Sri Yantra usw. und transzendiere dann auch die Bilder. Zur Beruhigung des Geistes dienen auch Mantra-Meditationen, wiederholende Gesänge etc. Auch auf das Mantram „Aum" kannst du meditieren, denn es erinnert dich daran, dass das wahre Wesen, Atman, alle drei Ebenen umfasst. „A" steht für die physische Seite, „u" für die feinstoffliche, „m" für die kausale.

Rupert Spira sagt, er habe 20 Jahre lang Mantra-Meditation praktiziert, bevor er mit Advaita Vedanta in Kontakt kam und dann ging ihm plötzlich ein Licht auf. Aber dieses Licht wäre ihm wahrscheinlich nicht aufgegangen ohne die Vorbereitung dieser 20 Jahre. Man soll unterschiedliche Meditationstechniken nicht verachten, sondern sie im Kontext des Advaita Vedanta benutzen. Auch Ramana Maharshi sagt, dass es zwar um das anstrengungslose, offene („nicht-wählende") Gewahrsein geht, dass aber zur Vorbereitung darauf Meditation notwendig ist und dass bei Menschen, bei denen dieses Gewahrsein ohne Meditation entstanden ist, diese Vorbereitung bereits in einem früheren Leben stattgefunden hat. Er sagt, man möge die Meditation benutzen, die einen am meisten anspricht.

Mit Hilfe sehr einfacher Fragen ist es möglich, die Realität zu untersuchen und das Nichtwissen zu überwinden. Die erste Frage ist: *Was ist unsere Erfahrung?* Die „Welt" ist der *Inhalt* unserer Erfahrung. Aber zunächst müssen wir uns fragen: Was ist unsere *Erfahrung?* Die erste spezifischere Frage ist: „*Wann* ist unsere Erfahrung?" Die Antwort ist „jetzt". Unsere Erfahrung ist ist immer oder vielmehr ewig im Jetzt. Die zweite Frage ist: „*Wo* ist unsere Erfahrung?" Die offensichtliche Antwort ist „hier". Aber dieses „Hier" lässt sich nicht an einem bestimmten Ort in Zeit und Raum festmachen und auch nicht an einem Ort im Körper, sondern dieses „hier" ist *der Raum, in dem alles ist.* Dann kann man weiter fragen: „Was ist das Objekt der Erfahrung? Was wird erfahren und wer ist der „Erfahrende"?" Bei genauer Betrachtung oder Selbsterforschung erweist sich, dass der „Erfahrende" oder der „Wissende" nicht etwa der Körper ist oder der Verstand (denn diese sind auch *Objekte* der Erfahrung). Auf diesem Wege entdecken wir schließlich, dass unsere Basis, unser nicht weiter reduzierbares, unveränderliches Wesen jenseits des sich verändernden Körpers und Verstandes und der sich verändernden Welt liegen *muss,* denn diese sind nur Inhalte oder Objekte. Im letzten Schritt wird klar, dass Erfahrung, „Erfahrender" und „Erfahrenes" in Wahrheit eins sind. Es gibt keinen Subjekt-Objekt-Dualismus. Das Subjekt ist die Einheit und die Objekte sind die Vielheit; Einheit und Vielheit bilden die Pole der Realität.

Der Weg besteht nicht darin, nur theoretisches Wissen zu erwerben oder nur zu meditieren, sondern in der Kombination von beidem liegt der Schlüssel. Beide unterstützen und verstärken sich und man wechselt immer wieder zwischen ihnen hin und her. Zum theoretischen Studium gehören die Lehren des Advaita Vedanta, der Upanishaden, der neueren Lehrer und auch die Offenbarungen, die wir im Neuen Testament, durch Yogananda und durch Nahtoderfahrungen bekommen haben. Zum Praktischen gehört in allererster Linie Meditation, verschiedene Arten von Meditation, aber auch kontemplatives Beten, ja sogar kontemplatives Hören oder Lesen der Evangelien, der Psalmen oder auch heiliger Schriften und Mantras in Sanskrit.

DER KÖRPER UND DER VERSTAND

Viele Spuren und Ansammlungen von dem, was wir erlebt haben, haben sich in unserem Körper eingeprägt und lassen sich als lokalisierte oder nicht lokalisierte Gefühle wahrnehmen. Wenn wir bestimmte Gefühle wahrnehmen und liebevoll annehmen, lösen sie sich auf und es tauchen neue Schichten von Gefühlen auf. Je mehr wir diese Dunkelheit mit unserem Licht durchdringen, desto mehr „wird unser Körper Licht".

Durch das Übergewicht von Aktivitäten und Denken in unserem Leben und das Vernachlässigen von Fühlen und Wahrnehmen ermöglichen wir nicht verarbeiteten Erfahrungen und Widerständen sich in unserem Körper zu verbergen und „festzusetzen". Diese sind irgendwann von körperlichen Problemen nicht mehr trennbar. Die deutliche Wahrnehmung und das Loslassen und Entspannen dieser Phänomene reinigt auf mehreren Ebenen. Der Körper ist ein wunderbares, vernachlässigtes Werkzeug der Befreiung.

Den Körper nutzen, um in die Gegenwart zu kommen und das Ego aufzulösen. Wie geht das? Intensiv den Körper wahrnehmen, intensiv wahrnehmen, wo Widerstände oder Schmerzen sind, wo „es nicht fließt" und all diesen Phänomenen erlauben, da zu sein, sie liebevoll annehmen, sie nicht abtrennen, sie verbinden und dadurch sie entspannen und letztlich auflösen. In Meditationshaltung die Augen schließen und alle körperlichen Empfindungen deutlich wahrnehmen und sie einfach da sein lassen, ohne Interpretation, ja ohne einen Gedanken an den physischen Körper; einfach nur der Raum sein für diese Wellen oder auch Strudel und Konzentrationen, vielleicht Verhärtungen von Energie; dieses einfache Schauen; bei jeder Identifikation und bei jeder Interpretation immer wieder loslassen, loslassen, loslassen: Das führt zu immer tieferer Entspannung und legt immer tiefere Schichten frei: Befreiung durch Nicht-Tun.

Der Körper gibt uns indirekt Rückmeldung über unseren geistigen und energetischen Zustand. Verspannungen sind durchaus bedeutungsvoll. Man sollte entspannen und noch einmal entspannen, denn entspannen heißt loslassen. Man sollte das Loslassen und Entspannen als autogenes Training oder ähnliches im Liegen oder Sitzen einüben und dann sollte man es in Aktivität gleichfalls anwenden. Alle Übungen, die zur Harmonisierung und zur besseren Körperwahrnehmung beitragen, helfen bei der Beruhigung des Geistes. Daher sind auch Taichi, Chi Gong usw. durchaus wichtige Bestandteile einer spirituellen Praxis. Die Gefahr beim direkten Pfad ist, dass man alle progressiven Wege als Umwege sieht. Hierin steckt eine gewisse Hochmütigkeit bzw. eine Gefahr für Leute, die zu Hochmut neigen. Ein Sinn zahlreicher spiritueller Disziplinen und Übungen besteht ja gerade im Lernen von Demut. Das disziplinierte Üben einer bestimmten Praxis hilft ja gerade beim Aufgeben der persönlichen Vorlieben und erleichtert die Disidentifikation von der Person.

Das scharf Umrissene, das Konturhafte der Objekte der Welt beruht auf Illusion. Um dieses festzustellen und zu erfahren, dass unsere Wahrnehmung nur ein kontinuierlicher Fluss ist, ohne scharfe Kanten und Umrisse, ist es hilfreich, sich wieder in den Zustand eines Babys zu versetzen, so wie Rupert Spira dies in einigen Meditationen anregt. Das Baby weiß nichts von einem Körper, der eine Form hat. Es nimmt nur das wahr, was wirklich da ist: Sinneswahrnehmungen und das innere Empfinden des Körpers. Beides hat aber keine feste Form. Das analytische Zerlegen unserer Erfahrungswelt in einzelne Schichten, nicht mit dem Verstand, sondern als Introspektion, kann hier sehr hilfreich sein. Wenn man mit geschlossenen Augen den Körper auf der Ebene der Körperempfindungen wahrnimmt, gibt es nichts räumlich und zeitlich fest Umrissenes mehr, sondern nur noch Empfindungen, die in unbestimmten, nicht scharf umrissenen oder gar abgetrennten Bereichen auftauchen, die sich vielleicht verstärken, sich wieder abschwächen oder verschwinden. Aber wir erfahren keine unveränderliche Form eines Körpers. Das bedeutet, unsere Alltagswahrnehmung des Körpers ist eigentlich eine konditionierte, mit Abstraktionen und Vorstellungen vermischte, die unsere wirkliche ungefilterte Erfahrung des Körpers und der Welt permanent überlagert.

Wenn man nun weiter untersucht, woraus denn diese Empfindung, die weder zeitlich noch räumlich eine bestimmte Grenze hat, eigentlich besteht und sich dazu die Frage stellt „Was ist der Unterschied zwischen dieser Empfindung und meinem Bewusstsein?", dann müsste deutlich werden, dass diese beiden nicht voneinander trennbar sind, dass unsere gesamte Erfahrung demnach nur aus Bewusstsein besteht und dass alle ihr zugeschriebenen „physischen" Eigenschaften, wie Gewicht und Ausdehnung nur eine übergestülpte Interpretation des Verstandes sind, aber nicht unmittelbar in der Erfahrung bestätigt werden.

Letztlich erfährt man eine Identität des Gefühls „Ich bin bewusst" und „Ich bin lebendig". Das, was Eckhart Tolle das „Gefühl der Lebendigkeit" genannt hat, ist so nah am Bewusstsein, dass es nicht mehr unterscheidbar ist. Es ist auch immer da, wie das Bewusstsein. Das Gefühl der Lebendigkeit und das Bewusstsein sind etwas Ganzes aus Gefühl und Erkennen. Bewusstsein ist nichts Kaltes und Abstraktes. Es ist vielmehr das Gegenteil von allem Kalten und Abstrakten, es ist Leben und Lebendigkeit.

Auch wenn unser wahres Wesen unberührt jenseits des Körpers und jenseits aller karmischen Spuren, die in ihm gespeichert sind, liegt, so ist doch der Schleier, der auf unseren Augen aufgrund dieser „körperlich-emotional-mental" tief eingekerbten Spuren liegt, so dicht, dass das Wiederentdecken des Selbst vielleicht zu Recht weder schwierig, noch leicht zu nennen ist, sondern vielmehr als große Gnade gesehen werden kann, auf die wir uns allerdings „körperlich-emotional-mental", durch Übungen und Disziplin, vorbereiten können. Wie sagte Bruno Gröning? „Willst du das Göttliche erleben, so musst du danach streben." Also immer wieder in die Gegenwart gehen, tiefer und tiefer.

Jeder Gedanke, der in deinem Kopf auftaucht, kommt in der Regel mit dem Label „Wenn du mir folgst, wirst du zum Ziel gelangen". Das ist die Lüge, die jeder Gedanke im Gepäck hat. Durchschaue diese Lüge und die Macht der Gedanken über dich nimmt ab. Sag zu dem Gedanken: Du kannst mir nichts hinzufügen oder wegnehmen.

Man kann auch über den Verstand hinausgehen, indem man sich selbst Fragen stellt, die der Verstand nicht beantworten kann oder mit denen er nichts weiter anfangen kann, die ihn überflüssig machen, wie z.B. die folgenden: Welcher Gedanke kann die Realität, die ich in diesem Moment erlebe, vollständig beschreiben? Wo ist das Ich? Was fehlt in diesem Moment?

Der Verstand ist einerseits ein Werkzeug zum Überleben und zum tieferen Verständnis der physischen Welt und gleichzeitig ist er, wenn er von der Person gefärbt ist, das Prinzip des Trennens, des Sezierens, der dualistischen Auffassung. Überall schafft er klare Trennlinien, wo es gar keine klare Trennung gibt: Subjekt und Objekt, Ursache und Wirkung, innen und außen, hier und dort, ich und du, gut und schlecht usw. Aber wo hört die Ursache auf und wo fängt die Wirkung an? Wo hört das Subjekt auf, wo fängt das Objekt an? Wo hört das Innen auf, wo fängt das Außen an? Wo endet der eine Augenblick und wo beginnt der nächste? Wo genau ist „hier", wo genau ist „dort"? Sobald man etwas näher hinschaut, merkt man, wie wenig diese Konzepte der Erfahrung entsprechen. Der Verstand ist wie ein starkes Gewürz, von dem schon kleine Mengen den Eigengeschmack der Realität überlagern. Der starke Geruch der Gedanken erlaubt es nicht, den Duft, das zarte Parfum der Stille zu erleben.

Der kürzeste Ausdruck ist, dass man „den Verstand im Herzen versenkt" (Ramana Maharshi). Das gewissermaßen untergeordnete Bewusstseinsorgan (der Verstand, der die Vielfalt oder Vielheit wahrnimmt) löst sich auf im Erkenntnisorgan der Einheit, dem Herzen, in dem die Einheit eine Realität des Gefühls ist, eine gefühlte Realität. Der Verstand funktioniert weiter, ist aber kein Problem mehr, da das, was er zeigt, das Herz nicht mehr verwirren kann. Wenn man den Verstand in seiner Quelle, im Herzen, versenkt, erkennt man sich selbst und Gott erkennt sich selbst.

Je mehr wir uns mit dem Verstand identifizieren, desto enger wird unser Herz.

Mooji erklärt die Parallele zwischen dem Magen und dem Verstand. Der Verstand ist wie ein Magen, der nie voll wird, der immer schon nach der nächsten nach Mahlzeit fragt, während er noch isst. Wie ist Frieden möglich, wenn man sich damit identifiziert? Wenn es einmal nichts zu essen gibt, fängt der Magen an zu schreien. Wenn es kein Futter für den Verstand gibt, fängt er auch an zu schreien und macht Unruhe. Wenn man diese Unruhe ohne Anstrengung nicht berührt und sich nicht berühren lässt, entsteht Freiheit.

Es ist leichter und effektiver, sich die Frage „Wer bin ich?", die die zentrale Frage des Jnana-Yoga ist, zu stellen, wenn man den Verstand beruhigt hat, und der Verstand kommt am besten zur Ruhe durch die Beobachtung des Atems.

Selbsterkenntnis beginnt vom Standpunkt des Verstandes aus mit einer systematischen Analyse der inneren und äußeren Realität, die letztlich zur Erkenntnis ihrer Ununterscheidbarkeit führt. Während Analyse und Untersuchung der erste Schritt sind, ist die eigentliche Selbsterkenntnis aber keine Untersuchung oder Analyse, sondern ein Verweilen in der Wahrheit, in sich selbst.

Unser Körper braucht Dinge. Ihm diese Dinge zu verweigern, wäre Widerstand. Wir leisten keinen Widerstand. Aber wir sind nicht der Körper. Verstand und Körper tun ihre Aufgaben. Aber wir sind nicht Verstand und Körper.

Der entscheidende Schritt ist und bleibt die Disidentifikation von Körper und Verstand, die sich dadurch vollzieht, dass man feststellt: Man *ist* nicht der Körper, sondern man *erfährt* den Körper, man *ist* nicht der Verstand und die Gedanken, man *erfährt* die Gedanken. Man ist sich des Körpers und der Gedanken bewusst. Selbst der Begriff „Verstand" und der Begriff „Körper" sind Konzepte. Die Realität ist eine ständiger Fluss von Gedanken, Emotionen und von körperlichen Erfindungen und Wahrnehmungen. Dieses Bündel von ununterbrochen wechselnden Inhalten ist etwas, von dem wir bestimmte Bereiche abtrennen und sagen: Das bin ich. In Wahrheit aber sind wir das *Bewusst-*

sein, in dem all diese Gedanken, Gefühle, Wahrnehmungen und Empfindungen entstehen und vergehen. Dieses unveränderliche, immer präsente Bewusstsein ist die ursprüngliche, tiefere Realität, die sich selbst als die Vielheit und der Wechsel *erscheint*. Diese Vielheit und dieser Wechsel sind aber kein von uns absolut Getrenntes Zweites. Hier sieht man auch, wie fundamental die Kantische Unterscheidung zwischen Erscheinung und Ding-an-sich ist. Allerdings ist das „Ding-an-sich" eben kein „Ding", sondern Bewusstsein, Geist.

LOSLASSEN UND MEDITATION

Das Neue entsteht durch loslassen, nicht durch festhalten. Michael A. Singer berichtet in seinem autobiographischen Buch *The Surrender Experiment*, wie dadurch, dass er nicht auf die Stimme der „Person" hörte, sondern offen war für das, was das Leben ihm gerade „anbot", wohin es ihn führte, vieles Wunderbare geschah, dass sonst niemals hätte passieren können.

Klar sehen und ein ruhiger Geist haben viel mit loslassen zu tun und loslassen hat viel mit entspannen zu tun. Nimm also Spannungen und Widerstände wahr (im Verstand und im Körper) und entspanne sie liebevoll und bewusst. Lass sie los. Erkenne, dass sie nicht wirklich sind.

Wenn dir jemand die Wahrheit offenbart, kann Glaube entstehen. Warum ist Glaube so wichtig? Weil man nur durch Glauben loslassen kann und nur durch Loslassen befreit wird. Man kann Erleuchtung nicht „machen" oder durch Aktivitäten herbeiführen. Sie ist ein großes Loslassen. Um loszulassen ist es nötig zu glauben, dass *du* nichts tust, dass *du* nichts denkst und dass das Leben sich um sich selber kümmert. Ebenso wie sich das Wetter „von selbst" ändert, können auch dein Körper und dein Verstand ihre Arbeit tun, ohne dass *du* etwas „tust", ohne dass du krampfhaft an diesen Dingen festhältst und glaubst, dass ohne deine Kontrolle nichts funktioniert. Allerdings kann auch erzwungene Passivität ein Ausdruck von Widerstand sein. Die Dinge fließen innerlich wie äußerlich, wenn man sie geschehen lässt, „ja" zu ihnen sagt, sie willkommen heißt. Dies sind zwei Seiten einer Medaille: Die Welt, die sich um sich selbst kümmert, und das Selbst, das der Welt erlaubt, sich um sich selbst zu kümmern.

Loslassen und Selbsterforschung sind zwei Seiten derselben Medaille. Man gelangt nur dann zum wahren Selbst, wenn man alles, was man gelernt hat, loslässt, wenn man den Mut hat, alle Konzepte loszulassen. Zu den Konzepten, die loszulassen am schwierigsten ist, gehört auch das Konzept eines äußeren Gottes. Rupert Spira erklärt, dass, wenn ein Mensch, der sich meistens auf dem Standpunkt des getrennten Selbst befindet, intuitiv spürt, dass es etwas Größeres gibt als dieses getrennte Selbst, es dann zu einer Mischung aus dem Konzept des getrennten Selbst und der Intuition, dass es etwas Großes und Eines gibt, das alles umfasst und hervorbringt, kommt. Die Mischung dieser beiden führt zur Vorstellung eines Gottes, der der Schöpfer von allem ist, der aber weit jenseits von allem und damit unendlich weit von dir entfernt ist. Dies ist der Gott der exoterischen Religiosität. Der Glaube an ihn ist also einerseits ein Ausdruck der Intuition, dass es ein allumfassendes, schaffendes, liebendes Bewusstsein gibt, aber paradoxerweise andererseits ein Hindernis auf dem Weg zur *Selbst*erkenntnis *als* eben dieses liebende, schaffende, allumfassende Bewusstsein. In dem Moment aber, wo die Erkenntnis sich einstellt, dass Gott nicht der „Entfernte" (oder wie Nietzsche gesagt hat: der „Unbekannte") ist, sondern das Selbst, also unser eigenes innerstes Wesen, wird ein Mensch vielleicht solche Sätze sprechen wie jener italienische Mönch, den Rupert in demselben Vortrag zitiert: „Du, Gott, bist die Liebe, mit der ich dich liebe".

Festhalten können wir sehr gut. Loslassen können wir nicht so gut. Genau darum geht es. Gott hat uns das Leben geschenkt und wir meinen, nun müssten wir es festhalten, weil wir sonst etwas verlieren würden. Nein! Das ist so, als wenn man ein Geschenk bekommt und es nicht öffnet, weil man es so fest an seine Brust drückt oder es so fest umklammert, dass das Öffnen nicht möglich ist. Besser, man lässt los und schaut es sich an! Niemand wird es einem wegnehmen. So denken wir immer, wir müssten unsere Identität festhalten, weil wir sie sonst verlieren würden. Wir sollen aber vertrauen und alles loslassen. Sonst machen wir uns zu Bettlern. Der Bettler traut dem Geschenk nicht, aber der Sohn (der wir doch sind) traut seinem Vater; er weiß, dass der Vater es gut meint und dem Sohn nichts nimmt. Wie soll eine zur Faust verkrampfte Hand auch etwas empfangen? Dieses Loslassen ist etwas Fundamentales. Es besteht nicht darin, *irgendetwas* loszulassen (obwohl das auch ein Anfang ist), es besteht darin, *alles* loszulassen, weil das, was man für alles gehalten hat, eigentlich nichts ist. Vertraue und glaube, das ist der erste wichtige Schritt!

Es gibt keine Erleuchtung in der Zukunft. Erleuchtung ist das *Loslassen* der Zukunft und der Vergangenheit. Es gibt keine Zukunft oder Vergangenheit ohne Konzepte. Erleuchtung ist kein Konzept. Das Konzept der Erleuchtung ist nicht hilfreich. Das Loslassen aller Konzepte ist hilfreich. Die Hingabe an das Sein, das nur in der Gegenwart ist, ist hilfreich.

Der Körper handelt. Das Selbst ist nicht der Handelnde. Durch Anstrengung und Versuchen ist das Selbst nicht zu erreichen. Der Weise erreicht es, ohne es zu wollen, indem er es als die Realität erkennt, denn das Selbst ist alles, was es gibt.

Anstrengung ist nicht der Weg, sondern im offenen Schauen alles loszulassen. Da die Welt nur eine Aktivität des wahren Selbst ist, erkennen wir uns selbst nicht durch eine bestimmte Aktivität, welcher Art sie auch sei. Wir erkennen uns aber auch nicht durch das Unterdrücken von Aktivität. Der Atem geschieht, wir nehmen ihn wahr. Wir handeln anstrengungslos. Yogananda sagte: „I am calmly active, I am actively calm." Kein Widerstand, keine Identifikation. Wir sind nicht die Dinge, aber die Welt der Dinge ist nicht von uns unterschieden, kein zweites. Wir sind nicht die Handlungen, aber die Welt der Handlungen ist nicht von uns unterschieden, kein zweites.

Die wichtigste Aussage über Meditation ist, dass Meditation ein natürlicher, anstrengungsloser Zustand ist. Und genau hieraus ergibt sich auch die Zweischneidigkeit von Aktivitäten, die man als Meditation bezeichnet. Es ist in Ordnung, wenn man sie als Einstieg in den natürlichen Zustand betrachtet. Die Gefahr ist aber, dass man sein Leben aufteilt in Alltag einerseits und Meditation andererseits, denn dann ist es dem begrenzten Selbst und dem begrenzenden Denken gelungen, unser wahres Wesen gewissermaßen zu domestizieren und zu einem bloßen Element, einer „Übung" in unserem Alltag zu machen. Das spirituelle Bedürfnis wird mit kleinen Häppchen befriedigt und die wirkliche Erkenntnis unseres Wesens, die wirkliche Befreiung wird aufgeschoben, weil man nicht mehr den Wunsch hat, mehr zu erreichen.

Alle Meditierenden kennen den besonderen Zustand nach der Meditation, wo die Präsenz anstrengungslos erhalten bleibt und in den Alltag hinüberwirkt. Ich habe auch schon den Ausdruck „After-Kriya-Poise" gehört. Dieser Zustand des vollkommen anstrengungslosen Präsent-Seins, ist eigentlich die wahre Meditation. Also regelmäßig und diszipliniert Meditation zu üben, ist ein für die meisten Menschen unumgänglicher und sehr wertvoller Schritt, aber es ist nur der erste Schritt, ein Sich-Vorbereiten auf und Bereitmachen für den *natürlichen Zustand*, das darin besteht, dass man diesen natürlichen Zustand für eine gewisse Zeit durch bestimmte Techniken ermöglicht. Meditation will also auf künstliche Weise zum Natürlichen führen. Wenn dieses realisiert ist, wird sie überflüssig.

Die Totalität der Erfahrungen, die, als Kontinuum, ohne Abgetrenntheit einzelner Elemente, ohne das Gefühl eines abgetrennten Ich, ohne das Gefühl von „innen" und „außen", im Bewusstsein dasteht, ist das wahre Sein. Das wahre, vollständige Sein und die Erfahrung des wahren Ich sind nicht voneinander trennbar. Wahres Sein ist nicht dualistisch, ist ohne Schnittstellen. Der Verstand trennt bestimmte Bereiche ab und so entsteht das „kleine Ich", das insofern eine Fiktion des Verstandes ist. Das wirkliche Individuelle ist aber nicht etwas, das vom Verstand mit Anstrengung geschaffen und erhalten werden muss, sondern es ist die sich *anstrengungslos* ergebende Totalität der Erfahrungen, die einfach da ist, denn sie ist der spontane Ausdruck des Ichs. Sie quillt aus dem Ich und nur dieses wahre Ich, aus dem sie stammt, ist wirklich frei und schöpferisch. Insofern entspricht auch dem „erlösten" Ich die „erlöste" Welt. Der „wahre Sohn" erlöst die „Welt".

GEGENWART

Jeder „Jetzt-Moment", jeder Augenblick der Präsenz, ist eine Gelegenheit zum Erwachen; jeder Moment, in dem man nicht präsent ist, ist eine verpasste Gelegenheit. Aber sobald man Erwartungen hat - und dazu zählt auch die Erwartung des Erwachens - ist man nicht mehr im Jetzt. Das Jetzt ist vollständig. Daher die Zen-Frage: „In diesem Moment: Was fehlt?" Es kann nichts fehlen, unsere Erfahrung des Jetzt ist immer vollständig. Wenn man das Glück ergreifen will, kommt es nicht. Wenn man alles loslässt, kommt es von allein. Es ist nichts, was der Verstand steuern kann. Es geschieht einfach, so wie das Leben in der Gegenwart einfach geschieht. Freude geschieht in der Gegenwart. Keine Freude ohne Gegenwart. In der echten Gegenwart gibt es selbst in schwierigen, schmerzhaften Verhältnissen noch das „Hintergrundgefühl" der Freude und des Friedens.

Francis Lucille erklärt, dass der Hier-und-jetzt-Raum, der eigentlich ein unbegrenzter Raum ist, der Schlüssel dazu ist, einen „erleuchteten" Zustand herzustellen. Man soll nicht nur die (uns ferner liegenden) Phänomene der „äußeren" Welt (was wir hören, sehen...), sondern auch die (uns näher liegenden) Gedanken, Gefühle und körperlichen Empfindungen sich in diesem „Raum" frei entwickeln lassen, ebenso wie man die äußere Welt sich frei entwickeln lässt. Denn beides ist eigentlich eins, die Trennung und Unterscheidung zwischen „Ich" (Körper, Verstand) und „äußerer Welt" ist falsch, sie ist vom Verstand geschaffen.

Das Bewusstsein ist kein abstraktes Bewusstsein. Es ist ein lebendiges Bewusstsein, es ist die Lebendigkeit schlechthin. Es ist ein fühlendes Bewusstsein. Sein Zentrum ist die Einheit aus Herz und Hirn. Es ist fühlendes Verstehen und verstehendes Fühlen. Es gibt das *Gefühl des Seins*. Man möge in die Tiefe dieses Gefühls gehen, man möge in die Tiefe der Gegenwart gehen: Das ist der Weg.

Wir begehen ständig eine Blasphemie gegen den Heiligen Geist, indem wir das heilige Jetzt in Zeit verwandeln.

Liebe und Gegenwart: mit dem Herzen sehen, was wirklich in der Gegenwart da ist, und sich nicht mehr vom Verstand in die Wildnis von Vergangenheit und Zukunft führen lassen.

„Jetzt und hier" ist gleich „Ich bin".

Ständig stehen wir auf der Insel des Verstandes und blicken auf das Meer der Gegenwart. Wir sollten nicht glauben, dass wir einen besseren Überblick bekommen, wenn wir auf dieser Insel stehen bleiben. Nur wenn wir ganz und rückhaltlos in dieses Meer hineintauchen und uns ganz dieser Erfahrung hingeben, kommen wir in die Realität. Erleuchtung ist der Durchbruch zur Wirklichkeit, jenseits einer Nicht-Realität, einer Fata-Morgana-Insel, auf der wir verzweifelt nach Wasser suchen.

Der Impuls, sich der Gegenwart zu widersetzen und in Zukunft und Vergangenheit zu fliehen, liegt emotional tiefer als das Denken, das diesen Impuls zum Ausdruck bringt. Wie viele Schichten von Erwartung und Widerstand müssen im Licht des Bewusstseins aufgelöst werden, damit dieses in voller Herrlichkeit erstrahlen kann?

CHRISTLICHE MEDITATIONEN UND BETEN

Zunächst möchte ich eine Meditation nach Joel Goldsmith vorstellen: In Meditationshaltung, aufrecht aber entspannt, atmet man einige Male bewusst aus und ein, um sich zu entspannen, und atmet dann normal weiter. Dann wiederholt man still oder auch laut „Ich wende mich nach innen, zu dem Christus meines eigenen Wesens". Wenn sich Gedanken bemerkbar machen, kehrt man immer wieder zu diesem Satz zurück. Dann wendet man sich der Frage zu: „Was ist Gott?" und erwartet eine Antwort von Gott. Weil das Königreich Gottes in dir ist, muss die Antwort aus deinem eigenen Wesen kommen. Sitze also in Stille und bitte: „Sprich Herr, dein Diener hört!" oder „Vater, ich bin hier, sprich!" Nimm eine zuhörende Einstellung an, so als wartetest du auf die Antwort. Denke an Gott als die Quelle unseres Seins und als den Allgegenwärtigen, Allmächtigen und Allwissenden. Eines Tages wird man in der Meditation an den Punkt kommen, an dem alle Gedanken über Gott verschwinden und es ist, als wenn eine Last von unseren Schultern fällt, und man wird vom Geist erfüllt sein. Mit dieser Befreiung kommt auch göttliche Weisheit, göttliche Führung und göttliche Kraft. Man sollte diese Meditation auf 10 Minuten begrenzen (zumindest als Anfänger) und stets alleine durchführen.

Ein *Mantra* muss kurz zu sein und einen gewissen Rhythmus haben, einen gewissen Klang. Es muss eine einfache, aber tiefe Botschaft enthalten, die durch häufige Wiederholung im Unterbewussten wirkt. Gleichzeitig ist das Mantra aber auch dazu da, die eigenen, persönlichen, „ach-so-wichtigen" Gedanken aus dem Bewusstsein zu verbannen, einfach indem es ihren Platz einnimmt. Ich möchte hier, wie schon in *Eine Neue Aufklärung,* ein kleines Gebet vorstellen, das für mich wie ein Mantra ist, aber es ist nicht in Sanskrit, sondern ein deutsches Mantra:

Ich bin klein,

Mein Herz ist rein,

Soll niemand drin wohnen

Als Gott allein.

(oder: ...Als Gott, als der Heiland, als Christus allein.)

Jede dieser Zeilen, wenn richtig verstanden, hat einen tiefen Sinn. „Ich bin klein" bedeutet: „Ich bin als Person winzig, ich bin nur ein kleiner Teil des geistigen Kosmos und meine Person, die ich immer so wichtig nehme, ist gar nicht so wichtig, sie ist sogar *weniger wirklich*, als ich denke". „Mein Herz ist rein" enthält die Idee der *Leere*: Das Herz ist nicht überfüllt mit allen möglichen Kleinigkeiten, Sorgen und „Ansammlungen". Außerdem geht es nicht um meinen Kopf, sondern um mein Herz. *Mein Herz* ist das geistige Zentrum und in diesem Zentrum sollen nicht die materiellen Verstrickungen dominieren, sondern „Gott allein", das Ursprüngliche, Klare, Reine und Gute. Das Herz muss „leer" werden von allem Materiellen, damit für die höhere, göttliche, geistige Wirklichkeit Raum entsteht. Letztlich *ist* es diese Wirklichkeit, aber es ist verdeckt unter „Persönlichem". In der anderen Version („...Als Gott, als der Heiland, als Christus allein") gibt es ein konkreteres Bild für das, wovon mein Herz voll sein soll, nämlich das Bild Christi, des wahren, geistigen Menschen, der auch mein Erlöser ist, der auch ich in Wahrheit bin, der mich von meiner kleinen und kleinlichen Person erlöst. Dieses Bild soll ich als einziges Bild in meinem Herzen tragen.

Im Beten liegt eine große Kraft. Aber was ist Beten? Jeder energetisch-emotional aufgeladene Gedanke ist Beten. Solange man denkt, schafft man durch das Denken energetische Realität und auf dieser feinstofflichen Ebene ist alles mit allem verbunden. So gesehen könnte man sagen: Wenn man betet, tut man das bewusst, was man sonst unbewusst tut. Ebenso wie Meditationstechniken nur eine Hilfestellung sind, um in den Zustand der *natürlichen* „Meditation" zu kommen, sind Gebete mit Worten auch nur eine Hilfestellung, um in den *natürlichen* Zustand der Gottesliebe, der universalen Liebe zu kommen.

MÖGLICHE HINDERNISSE

Dieses Leben und dieser Moment sind eine Chance, die man nicht verpassen soll. Nimm die Kräfte des Widerstands in dir wahr, die dir tausend Gründe nennen können, warum man diese Gelegenheit verpassen sollte und identifiziere dich bewusst *nicht* mit ihnen. Du kannst in *diesem* Leben *alles* erreichen, aber diese Kräfte sagen dir, dass es nicht geht. Das ist „Samsara".

Viele Fallstricke auf dem Weg der Selbsterforschung lassen sich vermeiden, wenn man über etwas theoretischen Kontext verfügt, z.b. über die Bedeutung bestimmter Hormone für unser Verhalten und unsere Stimmungen, über „Neuroplastizität" und die Funktionsweise des Gehirns, oder auch über den richtigen Umgang mit „dem Bösen" oder Negativen, egal ob dieses äußerlich oder innerlich zu sein scheint. Umfangreichen Kontext dieser Art findet man in *Eine Neue Aufklärung.*

Eines der größten Hindernisse für das Erwachen ist die *Erwartung* des Erwachens, ebenso wie eines der größten Hindernisse für die Erfüllung eines Wunsches das Gefühl ist, dass dieser Wunsch noch unerfüllt ist. *Alles* wirklich Wichtige entsteht *nur* in der Gegenwart und es geht immer von unserem wahren Wesen aus, es geschieht *nie* dadurch, dass wir uns mit Objekten identifizieren. Das Bild, das wir uns vom Erwachen machen, alle Ideen, die sagen „so muss Erwachen aussehen" oder auch „so muss ein Erwachter aussehen", sind Hindernisse und Ablenkungen. Erwachen ist einfach „das, was ist".

Vielleicht ist das größte Hindernis auf dem direkten Pfad die Angst davor, etwas zu verlieren oder die Angst vor Auslöschung. Aber *alles, was wirklich ist, kann nicht verloren gehen.* Das einzige, was verloren gehen kann, sind Illusionen und wenn die Person eine dieser Illusionen ist, dann wird sie verloren gehen, wenn nicht, dann nicht. Nichts Wirkliches kann verloren gehen und es ist merkwürdig, dass man vom Standpunkt des Ego, der geistigen Armut, der Selbstbeschränkung aus glaubt, man könne etwas verlieren, wo man sich doch im Gegenteil gerade jetzt von der unendlichen Fülle ausschließt. Die Angst, etwas zu verlieren ist die Stimme des Egos. Wer auf sie hört, „hat nicht und das, was er hat, wird ihm genommen werden".

Glaubst du wirklich, dass du, wenn du den spirituellen Pfad der Selbsterkenntnis ernsthaft gehst, oder gar wenn du wirklich befreit wirst, dass du dann Lob und Anerkennung von den weltlich orientierten Menschen in deiner Umgebung erhältst? Sie beurteilen die Menschen danach, wie erfolgreich sie beruflich sind, wie viel Geld sie haben oder wie aktiv nach außen hin sie sind. Solange du die Anerkennung weltlich gesinnter Menschen erwartest, kannst du nicht weiter auf dem Pfad fortschreiten, denn es ist wirklich erstaunlich, in welchem Maße manche Menschen, die selbst geistig realisiert sind, gegenüber äußeren Verhältnissen gleichgültig werden. Eckhart Tolle saß zwei Jahre wie ein Obdachloser auf Parkbänken. Ramana Maharshi vernachlässigte seinen Körper und seine Körperpflege vollständig. Eckhart Tolle berichtete von jemandem, der so sehr präsent war, dass er keine praktischen Dinge mehr erledigen konnte oder wollte. Ein Meister, der von seinem Schüler mit dem Satz herausgefordert wurde: „Meister, wenn der Körper nicht existiert, dann haltet doch euren Arm ins Feuer", wollte dies tatsächlich tun, als ihn seine Schüler im letzten Moment zurückhielten. Aber all diese extremen Beispiele sind nur mäßig aussagekräftig. Eine gewisse Anpassung des "neuen Menschen" an die „alte Umgebung" muss und wird jedenfalls stattfinden (ganz ähnlich wie nach Nahtoderfahrungen). Diese Anpassung ist ein unendlicher Prozess. Ob aber nun eine völlige Veränderung der äußeren Lebensverhältnisse damit einhergeht oder nicht ist ungewiss und individuell unterschiedlich.

Letztlich ist die Frage, was dir wichtiger ist, was für dich das Erste ist: Dein Leben als physische Person oder als Geist, als geistiges Wesen. Jesus Christus hat es auf den Punkt gebracht: Wir können nicht zwei Herren dienen. Aber wer hat solche Angst davor, dem „materiellen Herren" nicht mehr zu dienen? Doch nur das kleine Ich, das Ego.

Ist es nicht merkwürdig, wie unsere ganze Kultur und Wirtschaft permanent das Ego oder die Person anspricht?

Die richtige Einstellung zur Meditation ist die folgende: Der Mensch, der Einheit und Vielheit in seinem Wesen *umfassen* soll, der seinem Wesen nach Einheit-in-der-Vielheit *ist,* hat es verlernt, die Einheit wahrzunehmen und spürt nur noch die Vielheit, nimmt sich selbst nur noch als Fragment, als Person wahr. In der Meditation kehrt er zur Einheit zurück und wird so wieder *ganz.* Die Vielheit, die *nur* als Vielheit wahrgenommen wird, ist eine *verzerrte* Realität. *Die Vielheit, die in der Einheit wahrgenommen wird, ist die wahre Realität.* Das ist das, was man durch die Meditation „gewinnt". Man „verliert" nichts, außer Unwissenheit, Täuschung, Verzerrung und Leid, die durch den beschränkten Standpunkt der „absoluten Vielheit", den Standpunkt, auf dem man sagt „Ich bin *nur* eine Person", entstehen. *Meditation ist das Aufgeben der Identifikation mit der Vielheit* durch das Loslassen von persönlichen Gedankenmustern, Rollen usw. Dieses Loslassen findet statt im Lichte des Bewusstseins.

Wenn wir verkünden, dass wir schwach sind, werden wir schwach. Nur aus innerer Stärke wird äußere Stärke. Was nützt es, andere - und sei es Jesus - als Meister zu sehen und sich nur klein zu machen. So bleibt man im Kindergarten der Religion. Nur wer sich selbst als Geist erkennt, kann den Geist im Geist anbeten. Religion benutzt die Bildersprache, die für ein Menschen auf einer bestimmten Entwicklungsstufe passend ist. Aber von der bloßen Bildersprache zur Wirklichkeit überzugehen, also das, was die Bilder sagen, *zu erfahren oder zu sein,* heißt spirituell „erwachsen" zu werden. Jede wirkliche Erkenntnis ist holistisch. Eigentlich müsste man den Begriff „fühlen-verstehen" hierfür verwenden. Vivekananda vergleicht Kirchen und doktrinäre Lehren mit Hecken, die eine zarte Pflanze beschützen, die aber später entfernt werden müssen, damit die Pflanze groß werden kann. Auch die höchste Philosophie und die inspirierendste Mystik gehören in die Welt der Objekte. Nutze auf deiner inneren Reise zur Selbsterkenntnis das Kartenmaterial der Upanishaden und die Position des hellsten Sterns, Jesus Christus.

Das Leben, der Alltag, ist dein GPS-Signal, das dir sagt, wo du stehst.

Das Höchste ist erreicht, wenn Subjekt und Objekt eins werden, wenn die Illusion von Subjekt hier und Objekt da endet. Erst wenn man selbst sich als der Schaffende und als das Geschaffene erlebt, endet die Angst. Es gibt nur noch das Selbst. Nichts und niemand kann einen mehr ängstigen.

Die indischen mystischen Schriften betonen, dass die Befreiung eben keine Erfahrung ist, sondern jenseits aller Erfahrung - der „zustandlose Zustand". Erfahrung ist immer etwas Raum-Zeitliches. Die Befreiung ist jenseits raumzeitlicher Erfahrung. Rupert Spira wurde gefragt ob dieser Zustand permanent ist. Er antwortete, man sollte sagen „nahezu permanent", denn er ist zwar jenseits der raumzeitlichen Erfahrung und doch nicht in Abwesenheit derselben; er existiert gewissermaßen im Angesicht der Vielheit und hat immer das Potential wieder in die Vielheit hineingezogen zu werden.

Bei allen Freuden und Verlockungen, die die Welt zu bieten hat, soll man stets denken: Es gibt eine Freude, die höher und tiefer ist als die Freuden, die von dieser Person, diesem Ding oder dieser Substanz abhängig sind. Wenn ich diese tiefere Freude in mir finde, kann ich die äußeren Anlässe der Freude immer noch genießen, aber ich *brauche* sie nicht mehr. Dann hören die äußeren Ziele auf, zu *Bedingungen* des Glücks zu werden.

„Alles in der Welt war mein Guru." (Ramana Maharshi): Alle Dinge sind Lehrer, wenn man ja zu ihnen sagt. Ja sagen zur Erfahrung des Augenblicks, ja sagen zu der Form, die jetzt ist. Denn das wahre Selbst nimmt die Totalität des Daseins wahr und alles, was jetzt ist, gehört zu dieser Totalität. Wenn man nicht ja dazu sagt, wird die Totalität des Daseins nicht mehr wahrgenommen und wenn sie nicht mehr wahrgenommen wird, wird auch das Selbst nicht mehr wahrgenommen. Die Welt wird dann fragmentiert und dualistisch.

Beende die Hypnose des Universums. Wolle nicht diese Welt, denn du bekommst, was du willst. Suche nur Gott.

Der wahre Atheismus ist es, nicht an die Herrlichkeit des Selbst zu glauben. Nicht an einen äußeren persönlichen Gott zu glauben, ist nicht unbedingt Atheismus. Gott ist Geist und muss im Geist und in der Wahrheit angebetet werden, nicht in materiellen Bildern.

Der buddhistische Begriff der Leere ist für die spirituelle Entwicklung tatsächlich sehr hilfreich, insofern als er uns daran erinnert, dass alle materiellen Formen vergänglich, fließend und damit „leer" sind. Einzig das Bewusstsein selbst ist wirklich das Ich, das wahre Selbst, Atman.

Selbstverwirklichung heißt, das (relativ) nicht Wirkliche als (relativ) nicht wirklich und das (absolut) Wirkliche als (absolut) wirklich zu erkennen.

Das wahre Selbst hat keine Ursache. Der Raum ist kein Ding. Das wahre Selbst macht alle Erfahrung möglich, aber es ist keine Erfahrung. Der Raum macht alle Dinge möglich, aber er ist nicht die Dinge. Die Dinge sind Ausdruck des Raums, aber er ist nicht die Dinge. Alle Erfahrungen sind ein Ausdruck des wahren Selbst, aber sie sind nicht das wahre Selbst. Ich bin der Raum, in dem alle Dinge sind. Ich bin das wahre Selbst, in dem alle Erfahrungen sind.

Erleuchtung ist im Grunde keine Erfahrung, sondern nur das *Entfernen der Schleier* der Identifikation mit dem Körper und dem Verstand (Ego).

Bewusstsein und Energie (Gefühle) sind nicht trennbar. Umarme jede Erfahrung, sage ja zu jeder Erfahrung. Aber wie das geht, weiß nur das Herz. Das wahre Selbst umfasst Herz und Bewusstsein, umfasst viertes und sechstes Chakra.

An sich selbst genug haben, vollständig sein, nichts fürchten, nichts begehren, Unbegrenztheit, Offenheit: Das sind Merkmale des reinen Bewusstseins. Darum ist auch nur in ihm wirkliches

Glück, wirkliche Freude zu finden: Und das ist das, was wir ursprünglich sind.

Man möge seine irdischen Aufgaben gut und mit Hingabe erfüllen und gleichzeitig nach Befreiung streben und Gott suchen. Man soll seine irdischen Aufgaben in diesem Kontext als „Gottesdienst", als „Selbst-Verwirklichung" sehen.

Alles ist Erfahrung. Also ist die fundamentale Frage, die du dir stellen musst: Wie erfährst du dich? Nicht: Wie erfährst du einzelne Dinge? Sondern: Wie erfährst du *dich*? Denn alles ist „Nicht-Zwei". Es gibt keine „von dir unabhängige" Welt. Wie erfährst du dich? Was bist du?

Nicht Glaube, sondern Erfahrung, hier und jetzt.

Das wahre Ich, reines Bewusstsein, ist nicht „klein", es ist „größer" als alles. Daher gibt es um jede negative Reaktion, um alles Negative herum immer noch einen Raum. Das Ich ist kein kleiner, schwer zu findender Punkt, gewissermaßen in der „dunklen Höhle" des materiellen Körpers verborgen. Es ist im Gegenteil das, was alles umfasst, das was alles umfassen und umarmen kann. Wer zur Erfahrung des Jetzt „nein" sagt, kann nicht auf dem Standpunkt des wahren Selbst stehen. Zu allem „ja" sagen heißt: sich allem verbunden zu fühlen, alle und alles zu lieben. Alle und alles zu lieben heißt, sich selbst zu lieben.

Für mich ergänzen sich zwei Aussagen von Rupert Spira und Sadhguru: Erfahrung ist etwas „Nahtloses", ist ein Kontinuum, etwas Ganzes: Es gibt nur die Totalität der Erfahrung, alles andere ist Täuschung (Spira). Sadhguru sagte in bezug auf sein transformatorisches Erweckungserlebnis, dass er immer wusste, was sein „Ich" ist, und dass er es dann plötzlich nicht mehr finden konnte, an keiner bestimmten „Stelle" dieser ganzheitlichen Erfahrung, dieser Totalität des Bewusstseins. Auf die Frage, wo höre „ich" auf und wo fängt das „Andere" an, gab es keine sinnvolle Antwort mehr.

Man wird nicht frei *als* Person man wird frei *von* der Person. Daher kann es zwischen einem erleuchteten Lehrer und seinem Schüler zu einer paradoxen Situation kommen. Der Lehrer identifiziert sich nicht mit seiner Person, aber der Schüler denkt: Diese Person ist erleuchtet; ich möchte auch eine erleuchtete Person sein. Aber es gibt keine erleuchtete Person. Man muss die Person des Lehrers ganz vergessen und seine Lehre innerlich umsetzen. Alles liegt in einem und an einem selbst.

Bewusstsein ist Bewusstsein. Kein innen - kein außen.

„Erwacht sein" heißt nicht etwa, passiv zu sein, sondern aus einer anderen Motivation heraus zu handeln, als aus der persönlichen, nämlich aus Spontanität, Inspiration, Liebe und Freude. Aber muss man *erst* erwacht sein, um aus Liebe und Freude heraus zu handeln? Nein. Unser inneres und äußeres Handeln kann immer von Liebe und Freude bestimmt sein. Vor allem können wir unsere innere Welt mit Liebe und Freude neu gestalten, indem wir innerlich das Aufbauende, Gesunde, Positive erschaffen und imaginieren.

Probleme existieren und „leben" im Zwielicht der Identifikation mit ihnen und der unvollkommenen verzerrten Wahrnehmung, die sich aus dieser Identifikation ergibt. Wenn man vom Standpunkt des reinen Bewusstseins aus das Problem ganz klar sieht und zwar nicht isoliert, sondern als Teil eines Ganzen, beginnt es sich aufzulösen, denn es ist nur die Reflexion einer geistigen Verkrampfung. Geistige Verkrampfung ist die Selbstbeschränkung des Bewusstseins, die Lokalisation, die Begrenzung auf einen Ort. Wenn dieser Ort wieder Teil des Ganzen wird, dann fließt auch wieder die Energie und in der Verbindung mit dem Ganzen löst sich das Problem auf.

Yogananda erklärt, dass es für das Bewusstsein des Menschen entscheidend ist, ob seine Lebensenergien durch die Sinne nach außen oder aber nach innen gehen. Tiefere Verbundenheit und gleichzeitig erweiterte Wahrnehmung werden möglich, wenn sich die Lebensenergien vom Äußeren zurückziehen und auf das Innere richten.

Woher kommt die Inspiration für das Neue, das man schaffen will? Sie kommt einerseits unmittelbar aus der *klaren Wahrnehmung* dessen, was ist. Je klarer und *ganzheitlicher* die Wahrnehmung, desto tiefer die Inspiration. Andererseits ist Inspiration letztlich nur *durch das Herz* und das Gefühl möglich. Die Formel „Fülle des Herzens, Klarheit des Geistes" beschreibt diese doppelte Quelle der Inspiration.

Ohne Erwartungen, deines wahren Wesens eingedenk, freue dich des Weges, gehe ihn mit Hingabe.

Was ist ewig und unveränderlich? Das Bewusstsein, das Wissen „Ich bin" und das Gefühl „Ich bin lebendig, ich bin fühlend". Um ein Bild zu benutzen: kein Licht ohne Wärme, keine Wärme ohne Licht. Verstehen und Fühlen werden vom Verstand getrennt; in Wahrheit sind sie eins.

Warum ist das klare Schauen so wichtig? Nichts kann geheilt werden, ohne dass es ans Licht kommt, ohne dass es wahrgenommen wird. Alles, was wir als unangenehm gelabelt haben, sowohl in der Welt als auch und vor allem in uns, weigern wir uns wahrzunehmen, was dazu führt, dass es nicht geheilt werden kann. Nimm alles wahr und nimm alles an. Das Selbst, das reine Bewusstsein, weist nichts zurück und heißt alles willkommen, ohne Widerstand. Dadurch kann es sich auflösen und heilen, nicht durch Widerstand oder Unterdrückung. Durch diese wächst es im Verborgenen.

Unsere Wahrnehmung der Realität ist in der Regel hoch selektiv, indem sie sich voll auf Gedanken und physische Objekte fokussiert. Die Lehre von den fünf Koshas ist insofern sehr hilfreich, um zu einer ganzheitlichen Wahrnehmung der Realität zu gelangen, indem man sich der fünf Koshas und ihrer ihres Inhalts bewusst wird. Die fünf Koshas sind gewissermaßen die eigentlichen fünf Sinne, denn durch sie nehmen wir alles wahr. Auf diesem Wege, dem Wege ihrer Bewusstmachung, können wir auch zur Wahrnehmung-an-Sich gelangen und dadurch zum Bewusstsein-an-Sich.

Du sitzt im Garten oder du gehst durch die Stadt: Bilder, Geräusche, Düfte, Empfindungen... und plötzlich die Einsicht: Du kannst nicht sagen, was ist innen, was ist außen. Es ist alles eins. Die Unterscheidung innen-außen ist vollkommen sinnlos. Wenn man versucht, zu Ende zu denken, was das wirklich bedeutet, dann kommt man auch auf diesem Wege zum Kern von Advaita Vedanta.

Das weiße Feuer des reinen Bewusstseins verbrennt alles. Alles, was man sich ohne Identifikation und ohne Widerstand intensiv anschaut, löst sich auf, und dazu gehören auch Krankheiten und Beschwerden, denn diese sind Zusammenballungen im Unbewussten, im feinstofflichen Körper. Nichts, was ans Licht geholt wird, kann bleiben. Aber tief eingegrabene Probleme und negative Muster müssen im Licht des Bewusstseins immer wieder weggespült werden, bis sie ganz verschwinden.

Dualität endet durch sehen und lieben: Ich bin ein Verb: sein, sehen, lieben.

Der beste Rat ist: Bleibe leer. Lass all die persönlichen Angelegenheiten des Verstandes beiseite und bleibe als unpersönliches Bewusstsein. Wenn man mit ganzem Herzen diesen Weg geht, genügt er, um Freiheit zu erreichen.

Mooji sagt: Sei dasjenige, in dem das Ich entsteht, dann musst du das Ich nicht fallen lassen.

Mooji spricht von der größten Waffe, die uns für unsere spirituelle Entwicklung zur Verfügung steht, und beschreibt sie als zweischneidiges Schwert: Die eine Schneide ist Weisheit (Wissen), die andere Schneide ist Hingabe an die Wirklichkeit: Bhakti und Jnana.

Wenn Lila das kosmische Spiel Gottes ist, dann sollten auch wir spielerischer sein, die Dinge leichter nehmen und uns an dem, was schön ist, freuen.

Rupert Spira weist darauf hin, dass die Gefahr, die der Begriff „Bewusstsein" mit sich bringt, darin liegt, dass man dieses ursprüngliche Sein auch wieder zu einem Objekt macht, das verlorengegangen ist und wiedergefunden werden muss, während es eben *kein Objekt* ist und keine bestimmten Attribute hat, sondern einfach das ist, was ist.

Wir übersehen permanent unser wahres Wesen: die Erfahrung, bewusst zu sein, das Bewusstsein selbst. Stattdessen missverstehen wir uns selbst als eine Ansammlung aus Gedanken, Bildern, Erinnerungen, Gefühlen und Wahrnehmungen, die lediglich den veränderlichen Inhalt unseres Bewusstseins bilden, mithin sekundär sind.

Es ist auffällig, dass Jesus häufig „Ich bin" sagt, ohne weitere prädikative Bestimmung. Dies ist nicht-dualistisches Lehren. Das wahre Selbst, der Geist sagt: „Ich bin". Er kann nicht sagen „Ich bin dieses oder jenes".

Vollkommenes Erkennen ist das Einswerden von Erkennendem, Erkenntnis und Erkanntem. Vollkommene Liebe ist das Einswerden von Liebendem, Geliebtem und Liebe.

Wenn unsere Wahrnehmung und Aufmerksamkeit nur nach außen gehen und wir von äußeren Objekten Freude und Liebe erwarten, verwechseln wir die Objekte der Freude und Liebe mit der Quelle von Freude und Liebe. Freude und Liebe sind offensichtlich Gefühle, die von innen nach außen gehen. Nur durch das widerstandslose Gegenwärtig-Sein öffnet sich innen die Quelle von Freude und Liebe.

Ich erinnere mich noch, wie ich als Jugendlicher, als Schüler, plötzlich zutiefst erstaunt darüber war, dass meine subjektive Wahrnehmung der Welt so vollkommen mit der objektiven Realität zusammenpasst, wie eine Hand in einem Handschuh. Die Erklärung hierfür ist natürlich, dass „Hand" und „Handschuh" eben nichts Getrenntes und Unterschiedliches sind, sondern meine sogenannte subjektive Wahrnehmung und die sogenannte objektive Realität sind dasselbe: keine Trennung, keine Dualität und damit auch kein getrenntes Ich, das auf Körper und Verstand beschränkt ist.

Statt dass man immer sagt „Diese materielle Welt ist gar nicht real, sie ist gar nicht die ultimative Realität", ist der umgekehrte Ansatz, der darin besteht, dass man nichts „Größeres", „Ultimatives" erwartet oder sucht, sondern sagt *Das ist es.* Das ist die ultimative Realität", ein vielleicht vielversprechenderer Ansatz. Denn nur dann bringt man der ganzheitlichen Erfahrung des Augenblicks die Aufmerksamkeit und Wertschätzung entgegen, die sie verdient. Es geht nicht darum, dass wir von trügerischen Objekten umgeben sind, von einer Scheinwelt, sondern darum, dass wir die Realität als „Welt der Getrenntheit" interpretieren, automatisch und ununterbrochen – und dass wir diese Beschränkung transzendieren müssen. Die „Objekte" dürfen bleiben, der „Irrtum" ist nicht den „Objekten" inhärent, sondern dem „Subjekt", der Art der Wahrnehmung. Erleuchtung ist nur das Loslassen der Ego-Interpretationsmuster.

Wir ehren und lieben nicht die Personen, sondern das Selbst, Gott in allen Menschen; wir ehren und lieben nicht die Dinge, sondern das Selbst in allen Dingen; wir ehren und lieben den Schöpfer-Erhalter-Zerstörer nicht nur mit Worten, sondern durch unser Sein im Hier und Jetzt, indem wir uns weder dem Schaffenden, ewig Neuen, noch dem Erhaltenden, dem, was jetzt da ist, noch dem Zerstörenden, dem was sich auflöst, widersetzen.

Ramana Maharshi hat gesagt, dass nichts dagegen spricht, dass wir ebenso, wie wir miteinander reden, auch mit Gott reden. Das, was wir wahrnehmen, hängt mit unserem Zustand zusammen: Je subtiler und reiner unser Zustand ist, desto höhere Wirklichkeiten werden sichtbar. Unsere Fähigkeit, Gott zu erkennen, wächst mit unserer eigenen Entwicklung.

Zu Recht heißt es, der leichte Pfad ist der schwierige Pfad und der schwierige Pfad ist der leichte Pfad. Wenn man sich einmal auf den Standpunkt des reinen Bewusstseins gestellt hat und auf ihm bleibt, geschieht die „Reinigung" von selbst. Nur muss man erst einmal auf diesem Standpunkt stehen. Bei dem progressiven Pfad arbeitet man unmittelbar mit den einzelnen Hüllen. Hier geschieht nichts von alleine, aber man braucht auch nicht auf einmal alles loszulassen, sondern es genügt, schrittweise loszulassen.

Gibt es irgendetwas, das nicht Gott ist? Nein. Gibt es irgendetwas, das nicht Bewusstsein ist? Nein. Dann ist Gott Bewusstsein. So erklärt es Francis Lucille mit zwingender Logik.

Das „geistige Herz" ist kein Ort und kein Chakra, sondern nur durch das tiefe Gefühl des „Ich bin" findet man den Weg in das spirituelle Herz.

Es gibt tatsächlich Drogen, die kein physisches Suchtpotenzial haben, aber, wenn sie in einen meditativen Selbsterkenntnis-Prozess eingebunden werden, diesen Prozess fördern können. Dass beispielsweise Psilocybin dies kann, ist wissenschaftlich nachgewiesen. Warum können Substanzen wie DMT, LSD usw. dieses? Weil auch ein zeitlich begrenztes Entfernen der Projektionen des Egos (also der Fehlwahrnehmung der Welt und seiner selbst als etwas Statisches und Getrenntes) dazu führt, dass diese Fehlwahrnehmungen einen Schlag erleiden, von dem sie sich nicht mehr vollständig erholen. Das Ergebnis ist eine größere Entspanntheit und Verbundenheit und eine lebendigere Erfahrung und Wahrnehmung des Lebens, also ganz ähnliche Entwicklungen, wie sie durch Nahtoderfahrungen entstehen können: ein Mehr an Empathie und ein Weniger an Materialismus.

Man sollte *alle* Mittel, die wir zur Verfügung haben, die zur Schwächung der Identifikation der Menschen mit ihrer „Person" und zur Schwächung ihres Egos führen, nutzen, um einen gesellschaftlichen „tipping point" zu erreichen, was dazu führt, dass auch Feindschaften zwischen Gruppen und Völkern sich allmählich auflösen.

NACHWORT

Abschließend mögen noch einige Worte über das Verhältnis von *Eine Neue Aufklärung* zu *Das Mysterium der Einheit in der Vielheit* ihre Stelle haben. *Eine Neue Aufklärung* geht mehr in die Breite und zeigt auch mehr unterschiedliche Wege auf. Dieses Buch ist fokussierter und doch immer noch viel breiter angelegt, als die meisten spirituellen oder philosophischen Bücher. Die zwei Werke ergänzen sich.

Was will man erreichen? Gute Beziehungen, Gesundheit, vielseitige Bildung, Harmonie mit der Natur, eine magische Beeinflussung der Realität, oder Befreiung? *Eine Neue Aufklärung* bietet Anregungen für viele unterschiedliche Gesichtspunkte und Standpunkte. Es gibt für die Lebensgestaltung zahlreiche relevante Ebenen und Perspektiven und in *Eine Neue Aufklärung* spielen viele davon eine Rolle: die realistische, die praktische, die magische, die mystische, die wissenschaftliche, die künstlerische, die Ebene der Freiheit usw. Diese Multiperspektivität ist das Entscheidende bei *Eine Neue Aufklärung*. In *Das Mysterium der Einheit in der Vielheit* aber geht es nur noch um die höchsten Wahrheiten.

Wenn man es unternimmt, diese höchsten Wahrheiten auf philosophischem Wege, mit den Mitteln des Verstandes, zu untersuchen und zu erschließen, dann sind Worte oft nur noch bedingt treffend und für den Verstand wird „die Luft bisweilen recht dünn", wie man an den folgenden, sehr ehrlichen Worten des großen schottischen Philosophen David Hume sieht:

„Where am I, or what? From what causes do I derive my existence, and to what condition shall I return? ... I am confounded with all these questions, and begin to fancy myself in the most deplorable condition imaginable, environed with the deepest darkness, and utterly deprived of the use of every member and faculty.

Most fortunately it happens, that since Reason is incapable of dispelling these clouds, Nature herself suffices to that purpose, and cures me of this philosophical melancholy and delirium, either by relaxing this bent of mind, or by some avocation, and lively impression of my senses, which obliterate all these chimeras. I dine, I play a game of backgammon, I converse, and am merry with my friends. And when, after three or four hours' amusement, I would return to these speculations, they appear so cold, and strained, and ridiculous, that I cannot find in my heart to enter into them any farther."

Und doch, wenn wir den Verstand an seine Grenzen führen, geben wir nur Caesar, was Caesars ist, um Gott umso besser geben zu können, was Gottes ist. Das ist der wirkliche philosophische Weg, der nicht mit Worten spielt, sondern Ernst macht mit der Untersuchung der Realität und den Verstand nutzt, um über ihn hinauszugehen. Keine Lehre tut dies effektiver als Advaita Vedanta, und keine steht in diesem Sinne höher, weshalb ich ihr in diesem Buch viel Raum gegeben habe.

Beide Bücher, *Eine Neue Aufklärung* und *Das Mysterium der Einheit in der Vielheit,* sind letztlich ein Wagnis und vielleicht eine Anmaßung, aber dennoch in höchstem Maße notwendige Werke, die zusammen eine vollständige und in sich abgeschlossene Philosophie bilden.

BIBLIOGRAPHIE

Ahmann, Stefan: *Eine Neue Aufklärung.* 2019: Tredition.

Byrom, Thomas: *The Heart of Awareness. A Translation of the Ashtavakra Gita.* 2001: Shambala.

Easwaran, Eknath (Übersetzer): *The Upanishads.* 2007: Nilgiri Press.

Goldsmith, Joel S.: *The Infinite Way.* 2012: Acropolis Books.

Lucille, Francis: *The Perfume of Silence.* 2006: Truespeech Productions.

Meister Eckhart: *Mystische Schriften.* 2013: ModerneZeiten.

Mooji: White Fire. 2014: Mooji Media.

Ramanan, V.S. (publisher): *Yoga Vasishta Sara.* 2005: Sri Ramanasraman.

Spira, Rupert: *Being Aware of Being Aware.* 2017: Sahaja Publications.

Tolle, Eckhart: *Stillness Speaks.* 2003: Namaste Publishing.

Waite, Dennis: *Back to the Truth: 5000 Years of Advaita.* 2007: John Hunt Publishing.

Yogananda, Paramahansa: *Whispers from Eternity.* 1986: Self-Realization Fellowship.